Richard Templar

Wie Sie weniger ausgeben

... ohne schlechte Laune zu bekommen

BOOKS 4 SUCCESS

Die Originalausgabe erschien unter dem Titel
How to spend less without being miserable
ISBN 978-0-273-72555-8

© Copyright der Originalausgabe 2009:
© Richard Templar 2009. This translation of HOW TO SPEND LESS WITHOUT WITHOUT BEING MISERABLE 01 Edition is published by arrangement with Pearson Education Limited.

© Copyright der deutschen Ausgabe 2011:
Börsenmedien AG, Kulmbach

Übersetzung: Dr. Tilmann Kleinau
Gestaltung Cover: Johanna Wack, Börsenmedien AG
Gestaltung, Satz und Herstellung: Martina Köhler, Börsenmedien AG
Lektorat: Hildegard Brendel
Druck: Grafica Veneta

ISBN 978-3-941493-85-8

Alle Rechte der Verbreitung, auch die des auszugsweisen Nachdrucks, der fotomechanischen Wiedergabe und der Verwertung durch Datenbanken oder ähnliche Einrichtungen vorbehalten.

Bibliografische Information der Deutschen Nationalbibliothek:
Die Deutsche Nationalbibliothek verzeichnet diese Publikation in der Deutschen Nationalbibliografie; detaillierte bibliografische Daten sind im Internet über <http://dnb.d-nb.de> abrufbar.

BÖRSEN MEDIEN
AKTIENGESELLSCHAFT

Postfach 1449 • 95305 Kulmbach
Tel: 0 92 21-90 51-0 • Fax: 0 92 21-90 51-44 44
E-Mail: buecher@boersenmedien.de
www.books4success.de

*Für Luke, der es meisterhaft versteht,
bescheiden zu leben und es zu genießen*

INHALT

10	Einleitung
14	Sie müssen dazu bereit sein
16	Holen Sie sich Ihren Spaß woanders her
18	Sie sollten Ihr Budget kennen
20	Denken Sie daran – das Glas ist halb voll
22	Sparen Sie Zeit
24	Seien Sie gut organisiert
26	Sehen Sie es als Herausforderung an
28	Machen Sie die Schnäppchensuche zu Ihrem Hobby
30	Sie sollten wissen, wann ein Sonderangebot kein gutes Geschäft ist
32	Horten Sie Ihre Ersparnisse
34	Versuchen Sie es mit einem anderen Sparplan
36	Halten Sie Ausschau nach günstigen, aber spannenden Gelegenheiten
38	Lassen Sie sich Zeit zum Abkühlen
40	Stellen Sie es sich „ohne" vor
42	Tun Sie es beiseite, bevor Sie es bekommen
44	Sichern Sie Ihre Ersparnisse ab

46	Verwenden Sie große Scheine
48	Sagen Sie niemals nie
50	Denken Sie grün
52	Verkaufen Sie etwas
54	Werden Sie ein Tauschhändler
56	Gehen Sie online
58	Gehen Sie nicht auf Einkaufsbummel
60	Nehmen Sie Bargeld mit
62	Spielen Sie nicht mit Spielgeld
64	Frieren Sie Ihre Aktiva ein
66	Machen Sie Ihre wöchentlichen Einkäufe online
68	Gehen Sie nie mit leerem Magen einkaufen
70	Kaufen Sie zügig ein
72	Schneiden Sie Gutscheine aus
74	Nutzen Sie Ihren Stammkundenbonus
76	Machen Sie das Beste aus Supermärkten
78	Achten Sie beim Einkaufen auf Qualität, nicht auf die Menge
80	Achten Sie beim Einkaufen auf Qualität, nicht auf den Preis
82	Berechnen Sie den Preis pro Mal Tragen
84	Entscheiden Sie, wie viel es wert ist
86	Seien Sie clever in Sachen Versandhandel
88	Prüfen Sie den Wert bestimmter Marken
90	Fragen Sie sich, ob Sie es wirklich brauchen
92	Versuchen Sie stets, größere Mengen zu kaufen
94	Versuchen Sie es mit kleineren Unternehmen
96	Gewöhnen Sie sich an zu feilschen
98	Bezahlen Sie nie den verlangten Preis

100	Denken Sie beim Kaufen schon ans Weiterverkaufen
102	Machen Sie online gute Geschäfte
104	Kaufen Sie zweimal ein
106	Schließen Sie sich Mailinglisten an
108	Steigern Sie mit
110	Machen Sie bei Wettbewerben mit
112	Sie sollten wissen, wann Sie verkaufen ... und wann Sie kaufen
114	Unterstützen Sie den Bauernhof bei Ihnen zuhause
116	Trinken Sie Leitungswasser
118	Ändern Sie Ihre Gewohnheiten
120	Kaufen Sie weniger Lebensmittel
122	Kaufen Sie billigere Lebensmittel
124	Seien Sie ein raffinierter Geizhals
126	Kochen Sie selbst
128	Verwerten Sie Reste
130	Frieren Sie viel ein
132	Kochen Sie weniger
134	Essen Sie günstig
136	Werden Sie Vegetarier
138	Bauen Sie Gemüse selbst an
140	Kostenloses Essen
142	Bleiben Sie daheim
144	Gehen Sie später aus
146	Veranstalten Sie eine Tauschbörse
148	Machen Sie den Einkaufsbummel zum Wettbewerb
150	Gründen Sie einen Kreis von Babysittern
152	Treffen Sie sich zum Mittagessen
154	Teilen Sie mit anderen

156	Machen Sie einen Haustausch
158	Buchen Sie spät
160	Machen Sie Urlaub – aber nicht so weit weg
162	Arbeiten Sie, um zu leben
164	Meiden Sie Währungsfallen
166	Bringen Sie Ihre Kinder dazu mitzumachen
168	Denken Sie gut über Versicherungen nach
170	Prüfen Sie Ihre Kontoauszüge
172	Halten Sie nach dem besten Angebot Ausschau
174	Schalten Sie Geräte aus
176	Heizen Sie nicht, was Sie nicht brauchen
178	Stellen Sie es ab
180	Sparen Sie Wasser
182	Sparen Sie Benzin
184	Sparen Sie Telefonkosten
186	Machen Sie Ihr eigenes Ding
188	Machen Sie es selbst
190	Basteln Sie Geschenke
192	Überreden Sie Ihre Kinder, Geschenke zu basteln
194	Vereinbaren Sie ein Budget
196	Machen Sie eine Familienverlosung
198	Verwenden Sie billiges Einwickelpapier
200	Trimmen Sie Ihr Weihnachten
202	Kaufen Sie im Januar ein
204	Versuchen Sie es mit einem Studenten
206	Recyceln Sie die Klamotten Ihrer Kinder
208	Heiraten Sie mit festem Budget
210	Kinder kriegen mit Budget
212	Geben Sie nicht auf

EINLEITUNG

ICH NEHME AN, SIE HABEN dieses Buch gewählt, weil Sie wissen, wenn es Ihnen auch nicht leicht fällt es zuzugeben, dass es für Sie Zeit wird, den Gürtel enger zu schnallen. Vielleicht konnten Sie das Problem eine Zeitlang beiseiteschieben, aber jetzt wird es allmählich Zeit, es wirklich anzugehen. Aber: Tief innen drinnen sind Sie beunruhigt über all dieses Sich-Einschränken-Müssen und Streichen-Müssen. Denn wer will schon ein langweiliger, armseliger Pfennigfuchser werden, der sich all die kleinen Freuden versagen muss, die das Leben doch so schön machen?

Die gute Nachricht, die ich gleich zu Beginn loswerden möchte, ist, dass ein sparsameres Leben Sie keineswegs in irgendeiner Hinsicht ärmer machen muss. Ganz im Gegenteil, vielleicht genießen Sie es ja richtig (vertrauen Sie mir und lesen Sie weiter ... ich habe Ihnen eine Wahrheit zu erzählen, die Sie zunächst kaum glauben können). Sie sehen, hier geht es nicht nur um Gebote. Es gibt Dinge, die können – und sollten – Sie tun, aber die größten Veränderungen werden in Ihrem Kopf stattfinden.

Sie müssen nur anders denken, Ihre Einstellung ändern, Ihre Denkweise überprüfen. Ich werde Ihnen zeigen, wie.

Es gibt unzählige Bücher, die Ihnen Tipps geben, wie man wo was einspart, und einschlägige Webseiten gibt es ebenfalls zuhauf. Manche von ihnen sind bestimmt ganz nützlich. Aber mein eigentliches Interesse gilt dem Denken und Verhalten von Menschen, und diejenigen Menschen, die ich kenne, die bescheiden leben, haben eine ganz andere Einstellung zum Geldausgeben als der Rest von uns. Ich meine damit, dass sie glücklich damit sind, sparsam zu sein, weil es ihnen überhaupt nicht gegen den Strich geht.

Ich habe zu diesem Thema auch meine eigenen Erfahrungen gemacht. Ich kann heute nicht von mir behaupten, dass ich arm wie eine Kirchenmaus bin. Ich komme finanziell ganz gut zurecht, zumindest wenn es ein gutes Jahr war. Aber damals, während der Rezession von 1989[1], musste ich jede Strategie erlernen, die ich mir aneignen konnte, um den Wolf draußen zu halten. Ich weiß noch gut, wie ich damals am Küchentisch saß (ich hatte fast das gesamte übrige Mobiliar verkauft), mit einem Stapel Rechnungen vor mir; ich sortierte sie in solche, die ich bezahlen konnte und andere, die ich im Moment nicht bezahlen konnte – und ich fragte mich, was ich mit dem zweiten, viel höheren Stapel machen sollte.

Ich hasse es, um es gleich vorweg zu sagen. Abgesehen von den schrecklichen Sorgen, die ich mir machte, hasste ich es, auf Dinge verzichten zu müssen, die ich bis dahin immer gehabt hatte. Aber irgendwann kam mir die ‚Erleuchtung', und ich begann, das Ganze auch sehr befreiend zu finden. Es hatte nichts damit zu tun, wie viel Geld ich gerade besaß – meine gesamte Einstellung zu dem Thema hatte sich plötzlich geändert. Ich hatte auf einmal einen Punkt erreicht, an dem ich fand, dass ich auch mit einem sehr knappen Budget Freude am Leben haben konnte.

In diesem Buch finden Sie die Lektionen, die ich damals gelernt habe, zusammen mit vielen Lektionen, die ich durch meine Beobachtungen anderer Menschen und aus Gesprächen mit anderen gewonnen habe. Sie werden hier ein paar außerordentlich nützliche Ideen finden, wie Sie es schaffen, Ihre Ausgaben niedrig zu halten und viele Methoden, Ihre Denkweise zu verändern – denn das ist bei der ganzen Angelegenheit das Wesentliche.

Wenn ich im Laufe der Jahre eines gelernt habe, ist es, dass der Grad Ihres Glücksgefühls nichts damit zu tun hat, wie viel Geld Sie besitzen – zumindest nicht, solange Sie noch über ein gewisses Minimum verfügen. Ich kenne unglückliche Millionäre und fröhliche Habenichtse. Was Menschen glücklich macht, ist das, was in ihrem Kopf passiert, nicht in ihrer Brieftasche.

Ich habe in diesem Buch 100 der wichtigsten Lektionen für ein bescheidenes Leben beschrieben; ich behaupte nicht, dass es nur diese 100 gibt und nicht mehr. Wenn Sie andere Ideen dazu haben, von denen Sie meinen, dass sie hier noch fehlen oder wenn Sie mir mitteilen möchten, ob dieses Buch nützlich für Sie war, würde ich mich über eine kleine Nachricht von Ihnen sehr freuen. Bitte schicken Sie mir eine E-Mail an Richard.Templar@Richard.Templar.co.uk. Danke.

Richard Templar

1) Doch, ich war damals schon erwachsen.

Sie müssen dazu bereit sein

Dies ist der wahrscheinlich schwierigste Teil der ganzen Bescheiden-leben-Geschichte. Natürlich würden Sie, der Sie dies lesen, gerne mehr Geld besitzen oder sich wünschen, dass Ihr Geld weniger schnell verschwindet. Vielleicht ist das aber nur möglich, wenn Sie weniger ausgeben. Damit dies geschieht, müssen Sie weggehen von der Haltung: „ich würde ja schon gerne sparsamer leben" hin zu der Einstellung: „Ich will es – auf jeden Fall". Ich weiß, es klingt ein bisschen verwirrend, ich weiß nicht, wie ich es besser erklären soll – aber es ist wichtig: Sie müssen wirklich – wirklich – bereit sein, fortan weniger Geld auszugeben. Mit anderen Worten, es darf keine nette Idee mehr sein, sondern es muss Ihr starker Wunsch werden, dem Sie sich mit ganzem Herzen und ganzer Seele verpflichtet fühlen.

Lassen Sie mich Ihnen ein Beispiel geben. Eine Freundin von mir sitzt finanziell in der Klemme. Sie hat hohe Kreditkartenschulden und muss kämpfen, um ihre Rechnungen bezahlen zu können. Sie sagte mir, sie wolle unbedingt ihre Ausgaben herunterfahren. Aber letzten Monat ist sie zur Hochzeit ihrer Freundin nach New York geflogen und hat sich extra zu diesem Anlass ein Kleid für 700 Dollar gekauft.

An diesem Verhalten erkenne ich, dass meine Freundin *gerne weniger ausgeben würde*. Aber wenn sie das wirklich ganz tief in ihrem Herzen wollte, wäre sie am besten gar nicht zu der Hochzeit geflogen; zumindest hätte sie sich das teure Kleid nicht gekauft.

Wenn es Ihnen ähnlich geht, kann ich Ihnen leider keinen Zauberstab anbieten, der Ihr Problem im Nu wegzaubert. Ich kann Ihnen nur sagen, dass Sie zuallererst mal die richtige Motivation brauchen, wirklich bescheidener zu leben. Woher Sie diese Motivation nehmen, liegt ganz bei Ihnen – vielleicht von der letzten Forderung der Wasserwerke oder von der Aufforderung Ihrer Bank, vorbeizukommen oder daher, dass Ihre Lebensgefährtin damit droht, Sie zu verlassen – oder von etwas Positiverem, etwa von der Vorstellung, wie Sie es feiern wollen, wenn es Ihnen eines Tages gelingt, sich wieder Ersparnisse aufzubauen oder wie gut Sie sich erst fühlen werden, wenn Ihre Schulden eines Tages endlich weg sind. Es ist nicht leicht, nach geeigneten Möglichkeiten zum Sparen Ausschau zu halten, aber noch gründlicher sollten Sie nach der Motivation Ausschau halten, die Sie unbedingt brauchen, um dran zu bleiben.

Holen Sie sich Ihren Spass woanders her

Ablenkung funktioniert bei Kindern hervorragend, bei uns Erwachsenen nicht minder. Schließlich sind wir alle doch auch nur große Kinder, nicht wahr? Wenn Geldausgeben Ihnen wirklich so einen großen Kick gibt, sollten Sie sich vielleicht etwas anderes suchen, das Ihnen genauso viel Spaß und Spannung bringt. Wenn Sie fühlen, wie der Kaufrausch Sie mal wieder packt, gehen Sie stattdessen lieber joggen, nehmen Sie ein schönes Entspannungsbad oder locken Sie Ihren Partner ins Bett – was auch immer für Sie das Richtige ist.

Natürlich sind bestimmte Ablenkungen verboten – Online-Spiele, teure Verwöhn-Kuren und alles, was dazu führen kann, dass Sie doch wieder mehr ausgeben, als Sie einsparen. Genauso falsch wäre es, jetzt mit dem Rauchen anzufangen oder plötzlich damit anzufangen, zu viel zu essen oder zu trinken.

Ansonsten aber dürfen Sie frei wählen – ich bin sicher, da gibt es noch genug Möglichkeiten.

Sie können lernen zu erkennen, was Sie zum Einkaufen hinzieht – geben Sie gerne zu viel Geld aus, wenn Sie deprimiert, aufgeregt oder wütend sind? Wenn Sie erst einmal erkannt haben, welche Streiche Ihr Gehirn Ihnen spielt, können Sie die Signale besser deuten und entsprechende Vorsichtsmaßnahmen ergreifen.

Ich muss noch hinzufügen (und sei es auch nur, um meinen Verleger zu beruhigen), dass dieser Ratgeber nicht für Leute mit richtiger Kaufsucht geeignet ist; ich bin nicht so qualifiziert, dass ich diesen Menschen helfen könnte und kann ihnen nur raten, professionelle Hilfe aufzusuchen – oder sich zumindest ein Buch zu kaufen, das ihnen hilft.

Sie sollten Ihr Budget kennen

Wie viel mehr (oder weniger) nehmen Sie ein, als Sie ausgeben? Mit anderen Worten, wie viel haben Sie überhaupt zur Verfügung?

Wie viele Schulden haben Sie – in Form von unbezahlten Rechnungen, Krediten oder Kreditkartenschulden, die Sie im Laufe der Jahre allmählich abstottern?

Wie viel von Ihrem Geld geht für Haushaltseinkäufe drauf? Wie viel geben Sie für regelmäßige Rechnungen aus, und welche sind das?

Wie viel geben Sie für Ihre Kinder aus – von neuen Schuhen bis hin zum Schwimmunterricht?

Wie viel geht weg für Kleidung, Urlaub, Autos, Hausdekoration, Gartenpflege, Weihnachtseinkäufe, Geselligkeit, Freizeit, Hobbies?

Und wohin fließt der Rest Ihres Einkommens?

Aufgepasst – wenn Sie ernsthaft weniger ausgeben wollen, müssen Sie genau wissen, wie viel Sie derzeit ausgeben, wofür und wie viel davon am Ende des Monats übrig bleibt. Natürlich können Sie auch kleine Erfolge ernten, wenn Sie einfach so hier und da etwas Geld ansparen, aber ohne ein tieferes Verständnis Ihrer finanziellen Lage können Sie einfach nicht sehen, wo Sie unnötig Geld verschwenden, wo Sie am meisten einsparen können, was Sie wirklich ausgeben müssen und so weiter.

Also setzen Sie sich mit einem altmodischen Füllfederhalter und einem Blatt Papier hin [2] und schreiben Sie auf, was an Geld hereinkommt, wie viele Ausgaben Sie haben und wofür. Ich kann Ihnen versichern: Wenn Sie es erst einmal getan haben, werden Sie sich bestimmt besser fühlen, allein schon deswegen, weil Sie dann die Antwort auf alle diese Fragen wissen.

---

[2] Die Rückseite eines Briefumschlags tut's auch – Sie brauchen sich deshalb nicht gleich einen neuen Notizblock zu kaufen.

Denken Sie daran – das Glas ist halb voll

Man fühlt sich armselig, wenn man wenig Geld ausgeben kann. All das, was man entbehren muss, was man sich früher mal leisten konnte. Da ist es doch kein Wunder, dass man die ganze Sache nur noch negativ sieht, oder?

Halt, tun Sie das nicht. Kommen Sie da wieder raus. Es gibt Schlimmeres im Leben, und es gibt Leute, die müssen mit viel weniger auskommen als Sie.[3] Sie müssen das Ganze nur positiv sehen. Denken Sie nicht: „Das kann ich mir nicht leisten", denken Sie: „Das *kann* ich mir leisten."

Versuchen Sie alles in einem positiven Licht zu betrachten – machen Sie, wenn Sie wollen, ein Spiel daraus. Anstatt zu denken, dass etwas außerhalb Ihrer finanziellen Möglichkeiten liegt, denken Sie lieber: „Wenn ich lange genug spare, kann ich mir das später auch mal gönnen." Okay, es kann Monate oder Jahre dauern, und vielleicht ist Ihnen die Sache am Ende doch nicht wichtig genug, aber auch das sollten Sie positiv sehen, im Sinne von: „Eigentlich brauche ich es sowieso nicht, da kann ich mein Geld besser verwenden."

Wenn Sie sich schlecht fühlen, dann nur weil Sie es so sehen wollen. Also jammern Sie nicht weiter darüber. Seien Sie lieber froh, dass Sie weniger ausgeben müssen. Es braucht ein wenig Übung, aber es wird mit der Zeit immer leichter. Sie können lernen, das Leben zu genießen – ob mit oder ohne Zaster. Glauben Sie mir ruhig.

---

3) Es gibt sogar Leute, die sich nicht mal dieses Buch leisten können.

Sparen Sie Zeit

Es wirkt zunächst wie ein seltsamer Zufall, aber ich habe beobachtet, dass diejenigen, die mit weniger Geld glücklicher leben, auch diejenigen sind, die am meisten Freizeit haben. Ich nehme an, das liegt daran, dass wir oft Geld ausgeben, um Zeit zu sparen – für Taxis, Fertiggerichte und so weiter. Daraus folgt: Wenn Sie nicht gezwungen sind, Zeit zu sparen, müssen Sie auch kein Geld dafür ausgeben.

Hektische Menschen, die zu wenig Zeit haben, sind solche, die eher mit dem Auto fahren als zu Fuß zu gehen, nie selbst kochen, sich eine Putzfrau und einen Babysitter zulegen, teure Autos fahren und bei jedem noch so kleinen Problem mit dem Auto in die Werkstatt fahren.

Wenn es Ihnen möglich ist, Zeit loszueisen (doch, bevor Sie mir schreiben, ich weiß, dass das manchmal sehr schwierig ist), können Sie die gewonnene Zeit dazu nutzen, Ihre Ausgaben zu senken. Manche der Einsparmöglichkeiten, die Sie sich freischaufeln können, machen Ihnen vielleicht keinen Spaß, andere dafür umso mehr. Ich persönlich fahre mehr als ein paar hundert Meter lieber mit dem Auto, als die Strecke zu Fuß zu gehen (außer, ich führe den Hund aus). Andererseits macht es mir nichts aus, zu putzen und ich mag es, selbst zu kochen und viel Zeit mit meinen Kindern zu verbringen.

Das Wichtigste ist, dass Sie erkennen, <u>dass weniger Zeit gleich weniger Geld ist –</u> <u>je mehr Zeit Sie in bestimmte Dinge investieren, umso teurer wird Ihr Leben in der Regel auch.</u>

Sollten Sie ein paar zeitsparende Ideen suchen, kann ich Ihnen ein anderes Buch aus meiner Reihe empfehlen, nämlich *Wie Sie Ihre Arbeit schaffen*.⁴ *Buchempfehlung*

Seien Sie gut organisiert

Auch dieser Tipp wirkt auf den ersten Blick so, als sei er für unser Thema nicht so wichtig, aber man kann ihn gar nicht wichtig genug nehmen. Sie werden bald selbst herausfinden, dass Leute, die gut organisiert sind, (im Durchschnitt) weniger Geld ausgeben müssen als unorganisierte Zeitgenossen.

Warum das so ist? Denken Sie doch mal darüber nach. Wenn Sie bis zur letzten Minute warten, um Ihre Zugfahrkarten zu buchen, haben Sie alle Super-Sonderangebote und Frühbuchertickets verschlafen und müssen zum vollen Preis buchen. Wenn Sie Ihre Weihnachtspostkarten erst in letzter Minute am Schalter aufgeben, müssen Sie einen Expressaufschlag bezahlen, damit sie noch rechtzeitig ankommen. Wenn Sie nicht die passende Krankenversicherung für Ihren Vierbeiner abgeschlossen haben und Ihr Hund sich ein Bein bricht, kann Sie das ein kleines Vermögen kosten. Wenn Sie das Loch im Dach nicht rechtzeitig reparieren lassen, müssen Sie nicht nur ein paar Dachziegel, sondern auch noch die Balken erneuern lassen.

Ich möchte Ihnen hier keine Gardinenpredigt halten – da müsste ich mich erst mal an die eigene Nase fassen –, aber ich weiß: Wenn das Geld knapp ist, ist gute Organisation kein schöner Luxus mehr, sondern schiere Notwendigkeit. Ich weiß, wie schwierig es ist, gut organisiert zu sein, wenn es einem nun mal nicht im Blut liegt, aber eines kann ich Ihnen versprechen: Es macht sich rasch bezahlt – und das ganz wörtlich.

Sehen Sie es als Herausforderung an

Eine der besten Möglichkeiten, den Gürtel enger zu schnallen und es dennoch zu genießen, ist, sich richtig darauf zu konzentrieren, wie viel Geld man sparen kann, wo die besten Angebote sind, worauf man getrost verzichten kann und wie man noch mehr kürzen kann. Sie können ein richtiger Langweiler werden, wenn Sie darüber reden, in welchem Supermarkt in der Nähe es die billigste Butter gibt oder wie viel Benzin man sparen kann, wenn man eine andere Strecke zur Arbeit nimmt. Warum auch nicht? Wenn die anderen sich langweilen, ist das ihr Problem. Machen Sie nur weiter – auch wenn sie alle einschlafen.

Warum sollten Sie es nicht als sportliche Herausforderung ansehen, Ihre wöchentlichen und monatlichen Ausgaben zu überprüfen und zu sehen, ob Sie sie nicht ein bisschen reduzieren können? Am Anfang wird es noch ziemlich einfach sein, aber wie alle guten Aufgaben wird es immer schwieriger, je länger Sie es betreiben. Aber Sie können es schaffen. Es dauert nur ein paar Monate, und auch Sie finden heraus, dass die einzige Möglichkeit, jetzt noch Kosten zu sparen, die ist, Carsharing zu betreiben oder Ihre Familie möglichst tagelang mit einem Sonntagsbraten zu ernähren. Ein paar Monate noch, und Sie leben vom Dreck der Landstraße und Fensterkitt. Was soll's – Hauptsache, Spaß macht's.

Machen Sie die Schnäppchensuche zu Ihrem Hobby

Wenn Sie die Suche nach Sonderangeboten zum Ihrem Hobby machen und lernen, Produkte ausfindig zu machen, die nur einen Bruchteil des sonst üblichen Preises kosten, können Sie richtig Freude in Ihr spartanisches Leben bringen. Je tiefer der Preis, umso höher ist Ihr Glücksgefühl – erst recht, wenn Sie später in geselliger Runde damit angeben können. (Warum auch nicht? Das haben Sie sich verdient.)

Ich kenne eine Frau, die als Mutter von drei Kindern schwere Zeiten durchstehen musste und manchmal nicht wusste, wie sie sich und ihrer Familie auch nur das Nötigste kaufen sollte. Da sie aber ein fröhliches Naturell hatte, ließ sie sich voll und ganz auf die Herausforderung ein, finanziell über die Runden zu kommen, egal wie. Sie fand so viel Spaß daran, dass sie mit dem An- und Verkauf von Antiquitäten und Sammlerstücken nach und nach ein stolzes Sümmchen beiseite schaffte. Das klappte so gut, dass irgendwann ein richtiges Unternehmen daraus wurde – und das noch vor den Zeiten von eBay und anderen Online-Versandfirmen. Heute, mit über siebzig Jahren, macht die Frau es immer noch – nicht weil sie es noch müsste, sondern weil es ihr so viel Freude macht.

Sie sollten wissen, wann ein Sonderangebot kein gutes Geschäft ist

Ich habe schon einige Male mit meiner Frau über diesen Punkt gestritten; zu meinem Bedauern hat sie gewonnen. Ich weiß, sie hat recht [5], also lasse ich es gelten; aber ich kann mit jedem mitfühlen, der seine Schwierigkeiten mit dieser Lektion hat. Was ich meine? Statt langer Erklärungen gebe ich an dieser Stelle einfach einen kurzen Dialog wieder, dann wissen Sie Bescheid:

> ICH: „Sieh Dir das an! Ein echtes Schnäppchen …"
> MEINE FRAU: „Das ist kein Schnäppchen."
> ICH: „Na klar. Schau mal – zum halben Preis. Hat nur fünf Euro gekostet."
> MEINE FRAU: „Aber die *brauchst* Du doch gar nicht."

ICH (*voll Hoffnung*): „Ich weiß. Aber es war so günstig ... so ein Sonderangebot..."

MEINE FRAU (*seufzt*): „Das hatten wir doch schon. Das ist *kein* Sonderangebot. Es kann ja sein, dass es fünf Euro weniger kostet als normal, aber es kostet immer noch fünf Euro mehr, als Du ausgeben müsstest. Du sparst keinen Fünfer – Du gibst ihn aus."

Ich glaube, mehr muss ich nicht sagen.

---

5) Ich brauche Ihnen wohl nicht zu sagen, dass Sie das nicht zuzugeben brauchen.

Horten Sie Ihre Ersparnisse

Nein, ich rate Ihnen nicht, all Ihr Geld unter Ihr Kopfkissen zu legen. Was ich meine, ist: Sie können sich motivieren, Geld zu sparen, indem Sie Ihr Gespartes so aufheben, dass Sie es *sehen* können. Nehmen wir an, Sie schaffen es, mit dem Rauchen aufzuhören, Ihren Alkoholkonsum einzuschränken oder weniger Geld für Essen auszugeben. Anstatt das damit eingesparte Geld zu Ihrer Bank zu bringen oder es in Ihrer Brieftasche oder wo immer Sie wollen aufzubewahren, heben Sie es gut sichtbar auf.

Ich selbst bewahre gern viel Kleingeld in meinem Wohnzimmer auf. Am Abend leere ich meistens meine Taschen und tue alles Kleingeld in ein Glas. Sie werden staunen, wie schnell sich da ein hübsches Sümmchen ansammelt. Ob es sich um loses Kleingeld handelt oder um Geld, das Sie sparen konnten – auf diese Weise können Sie sehen, was Sie zuwege bringen. Das macht Spaß und gibt Ihnen das gute Gefühl, dass es das Opfer wert war. Ein- oder zweimal im Jahr können Sie das ganze

Kleingeld zu Ihrem Supermarkt oder Ihrer Bank bringen und es gegen Scheine einwechseln. So können Sie im Laufe eines Jahres locker einen dreistelligen Betrag sparen.

Sicher wollen Sie früher oder später auch mal etwas mit diesem Geld anfangen – sonst hätte das ganze Sparen ja wenig Sinn. Sie können entweder etwas davon kaufen, was Sie wirklich brauchen, oder wenn Sie nichts benötigen und es sich leisten können, es anzusparen, können Sie es sich leisten, einen bescheidenen Anteil – sagen wir, fünf bis zehn Prozent – für Ihre persönlichen Bedürfnisse auszugeben. Legen Sie zuvor einen bestimmten Prozentsatz fest, damit Sie nicht in Versuchung geraten ihn zu überschreiten, und genießen Sie ihn. Sie haben es sich verdient.

Versuchen Sie es mit einem anderen Sparplan

Nun erkläre ich Ihnen eine Methode, die eine Freundin von mir mit großem Erfolg angewendet hat und die ich wirklich für sehr klug halte. Sie verwendet sie am häufigsten, um Kleider zu kaufen, aber wie Sie gleich sehen werden, lässt sich diese Methode für alles anwenden, was man nicht unbedingt kaufen muss.

Wenn Sie irgendetwas sehen, das Sie wirklich gerne kaufen würden, sich aber nicht leisten können, sparen Sie dafür, indem Sie sich andere Dinge nicht kaufen, die Sie sich normalerweise kaufen würden. Sparen Sie sich zum Beispiel die Bus- oder U-Bahn-Fahrkarte, nehmen Sie sich ein selbstgemachtes Sandwich zur Arbeit mit, anstatt dort eines zu kaufen, lassen Sie den Alkohol weg, essen Sie in billigeren Restaurants als sonst, streichen Sie den Kinobesuch – oder Ähnliches.

Notieren Sie sich, wie viel Geld Sie schon gespart haben, damit Sie wissen, wann Sie genug „verdient" haben, um sich das, was Sie haben wollen, leisten zu können. Auf diese Weise genießen Sie es viel mehr, als wenn Sie es sofort gekauft und sich dann über Ihren Kontoauszug geärgert hätten.

Halten Sie Ausschau nach günstigen, aber spannenden Gelegenheiten

Es gibt viele Möglichkeiten, mit anderen Menschen zusammen Zeit zu verbringen, ohne viel bezahlen zu müssen. Viele machen sogar richtig Spaß. Schon die Idee an sich kann Ihnen Vergnügen bereiten. Es ist sowieso ganz gut für Sie, mal etwas anderes zu machen – es hält einen frisch. Wie sagte mein alter Englischlehrer immer? „Es tut der Seele gut."

Vergessen Sie den Gedanken, an einem lauen Sommerabend in die Kneipe zu gehen. Überreden Sie Ihre Freunde lieber zu einem gemütlichen Spaziergang oder zu einem Ausflug auf einen Hügel, von dem aus man eine wunderbare Aussicht hat. Sie können ja trotzdem eine Trinkflasche oder ein Picknick mitnehmen und damit immer noch Geld sparen. Warum sollten Sie es auf laue Sommerabende beschränken? Wenn das Wetter halbwegs erträglich ist, können Sie jede Menge Spaß haben, wenn Sie einander im Winter draußen im Moor Gruselgeschichten erzählen oder in den Wald gehen – oder dahin, wo es Ihnen gefällt.

Ich habe romantische Abendessen in Restaurants erlebt, aber genauso auch lustige Abendessen mit Fisch und Chips am Fluss, wo wir einfach aus dem Einwickelpapier aßen. Ich erinnere mich an stilvolle Abende im Theater und in der Oper, aber die Kegelbahn nebenan ist nicht weniger unterhaltsam, wenn man mit den richtigen Leuten zusammen ist.

Stellen Sie sich selbst eine zweigeteilte Aufgabe. Bringen Sie zum einen ein bisschen Abwechslung in Ihr soziales Leben und sorgen Sie zweitens dafür, dass die ganze Aktivität billiger wird als das, was Sie sonst immer miteinander unternehmen. Wenn Sie zusätzliche Anreize brauchen, setzen Sie sich mit Ihrem Partner oder einer Freundin zusammen und denken Sie sich um die Wette das billigste Vergnügen aus – aber spannend oder unterhaltsam sollte es schon sein.

Lassen Sie sich Zeit zum Abkühlen

Diese Regel ist besonders zu empfehlen, wenn Sie zu Impulskäufen neigen. Zwingen Sie sich dazu, nichts sofort zu kaufen, sondern mindestens einen Tag darüber nachzudenken, ob Sie es wirklich kaufen wollen. Selbstverständlich gilt das nicht für den wöchentlichen Lebensmitteleinkauf, oder Sie müssten jede Woche einen Tag lang fasten – obwohl auch das Ihnen helfen würde, Geld zu sparen. Aber es hat dann Sinn, wenn man etwas nicht unbedingt braucht – ob es nun ein Auto ist, ein neuer Kochtopf, ein Paar Hosen oder eine Falle für Eichhörnchen.[6]

Ich selbst kaufe ziemlich viel bei Versandgeschäften (ich wohne ziemlich abseits). Wenn man die Kataloge durchblättert, ist es nur allzu leicht, sich von allen möglichen Waren verlocken zu lassen, derentwegen man den Katalog gar nicht zur Hand genommen hatte. Wenn ich mir die Seiten markiere und eine Woche lang warte, stelle ich meistens fest, dass ich die meisten Sachen doch nicht bestellen will und dass es noch nicht mal ein innerer Kampf war, auf sie zu verzichten. Ich denke nicht einmal: „Schade, ich würde ja so gern, aber ich kann es mir nicht leisten." Wissen Sie, was ich oft denke? „Warum, um alles in der Welt, habe ich das Ding überhaupt markiert?"

---

6) Na ja, wie soll ich wissen, wofür Sie gern Geld ausgeben?

Stellen Sie es sich „ohne" vor

Hier ist ein schneller Trick, den ich wirklich nützlich finde, wenn ich mir mal wieder einen Mantel ansehe (ich liebe Mäntel). Ich stelle mir ganz konkret vor, wie ich mich fühle, wenn ich nachher den Laden verlasse, ohne ihn zu kaufen. Wird sich der Mantel in den nächsten paar Tagen in mein Hirn eingraben und mich nicht mehr loslassen? Oder werde ich ihn in einer Stunde oder so schon vergessen haben?

Fast immer denke ich: Vergessen. Ich habe es mir zur Regel gemacht, einem Kauf zu widerstehen, wenn ich nur irgendwie kann. Und wissen Sie was? Widerstehen ist gar nicht so schwer, wenn ich nur *richtig* darüber nachdenke.

Na ja, wenn der Gegenstand mir in einer Woche immer noch im Gehirn herumspukt, kann ich immer noch wiederkommen und ihn kaufen. Er läuft mir nicht davon. Komisch, bisher habe ich das *noch nicht einmal* getan.

Tun Sie es beiseite, bevor Sie es bekommen

Es ist viel leichter, Geld zu sparen, das Sie niemals hatten, als Geld aus Ihrer Brieftasche oder von Ihrem Konto zu nehmen und es auf ein Sparbuch zu überweisen, nachdem Sie das schöne Bündel Banknoten oder den Kontostand gesehen haben.

Eine Freundin von mir hat mit ihrer Bank vereinbart, dass sie an demselben Tag, an dem sie ihr Gehalt überwiesen bekommt, einen gewissen Prozentsatz davon sofort auf ihr Sparkonto überweist. So taucht der Betrag nie auf ihrem Girokonto auf und sie kommt nicht in Versuchung auszugeben, was sie dem Anschein nach gar nicht hat. Eine einfache und gerade deshalb glänzende Idee. Ein anderer Bekannter von mir macht dasselbe mit jeder Gehaltserhöhung, die er bekommt. Das heißt, er lebt nach wie vor nur von dem, was er 1989 verdient hat, konnte aber seither einige Extras bezahlen, unter anderem seine eigene Hochzeit.

Wenn Sie beruflich selbstständig sind, wie ich, und kein geregeltes Einkommen beziehen, ist die Sache natürlich schwieriger. Aber wenn Sie wissen, wann ein bestimmter Betrag auf Ihr Konto kommt (vielleicht haben Sie den Scheck heute erst eingezahlt und warten jetzt darauf, dass der Betrag Ihrem Konto gutgeschrieben wird), können Sie immer noch einen einmaligen Transfer auf Ihr Sparkonto vereinbaren ab dem Zeitpunkt, zu dem der Betrag auf Ihrem Girokonto eingeht.

Sichern Sie Ihre Ersparnisse ab

Kennen Sie sie auch, die großen Steuer- und Stromrechnungen, angesichts derer wir nur allzu gern den Kopf in den Sand stecken? Von denen Sie genau wissen, dass sie kommen, an die Sie aber am liebsten gar nicht denken würden? Wäre es nicht paradiesisch, wenn man sich darüber gar keine Gedanken mehr machen müsste, weil das Geld schon da ist? In guten Zeiten können Sie immer genug zusammenkratzen, um diese Rechnungen zu bezahlen, aber jetzt gerade ist es ganz schwierig.

Legen Sie jedes Mal, wenn Geld hereinkommt, einen gewissen Betrag beiseite, sodass Sie beruhigt, ja sogar gelassen sein können, wenn die nächste Rechnung ins Haus flattert. Sie wissen ja schon vorher, wie hoch die Rechnung ungefähr ausfallen wird; diesen Betrag legen Sie auf die hohe Kante. Die beste Möglichkeit ist die, dass Sie ein weiteres Konto eröffnen, auf dem Sie immer Geld stehen lassen – vielleicht sogar bei einer anderen Bank, wenn Ihnen das psychologisch hilft, es getrennt zu halten und nicht der Versuchung zu erliegen, es anzutasten.

Dasselbe Prinzip funktioniert nicht nur bei solchen Rechnungen, sondern auch bei jeder anderen größeren Ausgabe, für die Sie dann, wenn sie ansteht, vielleicht nicht das nötige Geld haben. Ich meine, Ihren Urlaub, Weihnachten, Ihre Hochzeit – was auch immer Sie im Vorhinein absichern wollen. Sie können für diese Ausgaben separate Konten eröffnen, wenn Sie wollen; allerdings möchte ich Ihnen auch nicht empfehlen, ein Dutzend verschiedene Konten zu führen.

Und wenn Sie schon dabei sind, warum eröffnen Sie dann nicht gleich ein Sparkonto mit höheren Zinsen, das Ihnen ein bisschen mehr bringt?

Verwenden Sie grosse Scheine

Wann haben Sie das letzte Mal einen Fünf-Euro-Schein angebrochen? Wahrscheinlich wissen Sie es nicht, denn es ist etwas ganz Alltägliches. Wann haben Sie das letzte Mal mit einem Fünfziger bezahlt? Daran erinnert man sich schon eher – okay, vielleicht nicht immer an den genauen Anlass, aber in dem Moment, wo Sie es tun, fällt es Ihnen schon auf.

In diesem Zusammenhang habe ich eine Idee: Wenn Sie Bargeld bei Ihrer Bank abheben, fragen Sie nach den größten Scheinen, die Sie bekommen können (selbstverständlich müssen Sie dazu in Ihre Bank gehen – am Automaten haben Sie nicht die Wahl). Sie werden es sich eher überlegen, ob Sie einen Zwanziger oder gar Fünfziger klein machen. Nicht nur, dass diese nicht so bequem einzuwechseln sind, aber dann merken Sie mehr, wohin Ihr Geld fließt. Sie werden feststellen, dass Sie innehalten und zweimal darüber nachdenken, was Sie ausgeben, wenn es bedeutet, dass Sie einen Fünfziger anbrechen müssen.

Sagen Sie niemals nie

Wenn Sie sich niemals Geld borgen, können Sie auch niemals Schulden machen. So einfach ist das. Zu Lebzeiten meiner Eltern und Großeltern kam man gar nicht auf die Idee, sich Geld zu leihen. Wenn man für einen bestimmten Gegenstand das nötige „Kleingeld" nicht hatte, kaufte man ihn sich eben nicht. Und Schluss.

Heutzutage werfen uns die Banken Kreditkarten geradezu hinterher; überall sieht man Werbung für Kredite und Darlehen aller Art. Aber wir müssen dieses Spiel der Banken und Bausparkassen ja nicht mitspielen. Wir können immer noch „Nein danke" sagen. Sie brauchen keine Kreditkarte, wenn Sie eine Geldkarte haben, und ein Darlehen brauchen Sie schon gar nicht. Eine Ausnahme lasse ich gelten – die Hypotheken. Ich erlaube Ihnen, das Häuschen, in dem Sie wohnen, abzubezahlen und schimpfe Sie nicht, wenn Sie nicht erst warten, bis Sie Ihr Haus bar bezahlen können.

Wenn Sie so erzogen worden wären wie unsere Eltern und Großeltern, würden Sie es wahrscheinlich ziemlich leicht finden, ohne Kredite und Kreditkarten auszukommen. Wenn Sie anders erzogen wurden, wird es Ihnen erheblich schwerer fallen, sich dem anzupassen. Schwerer sicherlich, aber nicht zu schwer. Leute, die die alte Denkweise teilen, werden Ihnen sagen, dass sie sich viel schlechter fühlen würden, wenn sie sich Geld leihen müssten, als sie sich „ohne" fühlen. Denn ohne Kredit auszukommen bedeutet nicht nur weniger ausgeben zu müssen, sondern auch, dass man sich die Kosten einer Kreditaufnahme schon mal spart.

Denken Sie grün

Das Mantra der Umweltschützer, der Grünen und Alternativen, der Hippies, Freaks oder wie auch immer Sie sie nennen wollen, ist: „Weniger verbrauchen, wiederverwenden, recyceln". Die Jungs und Mädels von der Häkel- und Vollkornnudelfront [7] wissen, wie man billig lebt.

Egal ob Sie von Ihrer Anschauung her wirklich der Öko-Lebensweise zugetan sind oder sie nur insoweit praktizieren, wie es Ihnen keine Mühe macht – Sie werden feststellen, es gibt eine große Schnittmenge zwischen Öko-Freaks und sparsamen Menschen. Der Teil „weniger verbrauchen" des grünen Mottos bedeutet nicht nur, weniger zu verbrauchen, sondern auch, dadurch weniger auszugeben. Lesen Sie ein paar grüne Zeitschriften [8] und picken Sie sich ein paar Tipps heraus. Bevor Sie es merken, stellen Sie Ihre eigenen Putzmittel aus Weinessig und Natronlauge her (das ist ebenso billig wie effektiv), schenken und kaufen bei freecycle.org und wickeln Ihr Baby (falls Sie eines haben) mit wiederverwendbaren Stoffwindeln.

7) Das ist schon okay, wir wollen sie nicht beleidigen – sie lesen das hier sowieso nicht. Sie brauchen es nicht zu lesen, weil sie es bereits praktizieren.
8) Lesen, nicht kaufen – leihen Sie sie von jemandem aus.

Verkaufen Sie etwas

Als ich, wie schon erwähnt, in der Rezession von 1989 finanziell am Boden lag, fing ich an, unser Eigentum zu verkaufen. Ich weiß, das klingt ganz normal und alltäglich, aber man muss ganz schöne geistige Blockaden überwinden, um es fertigzubringen. Wenn Sie nicht zu den Leuten gehören, die so etwas hin und wieder tun, erkennen Sie gar nicht, welches Potenzial hier brach liegt. Wenn Sie aber einmal damit angefangen haben, finden Sie bald heraus, dass Sie alle möglichen Dinge verkaufen können, die Sie schon länger besitzen, von denen Sie aber gar nicht gemerkt haben, dass Sie sie nicht brauchen. Ich persönlich fand es ziemlich befreiend.

Wenn Sie sich erst einmal fürs Verkaufen entschieden haben, haben Sie jede Menge Möglichkeiten. Ein Freund von mir stellte fest, dass er sein Klavier nicht mehr brauchte, seit seine Kinder groß waren und nicht mehr zu Hause wohnten. Er verkaufte es einem Bekannten mit kleinen Kindern, der sehr interessiert daran war. Ich selbst verkaufte damals des Öfteren mein Auto, um mir ein viel billigeres zu kaufen (bis ich so bescheiden war, dass ich nicht weiter hinuntergehen konnte – zumindest nicht, wenn ich noch ein Auto haben wollte, das fährt).

Es gibt ja auch die örtlichen Kleinanzeigenblätter, Ebay und viele andere An- und Verkaufsbörsen. Flohmärkte sind super, denn hier können Sie nicht nur Ihre eigenen Sachen, sondern auch die Habseligkeiten anderer Leute verkaufen und einen Teil der Einnahmen als persönlichen Gewinn einbehalten.

Wenn Sie verkauft haben, was nur ging, können Sie sich eine bescheidene Belohnung gönnen oder einen Teil Ihrer Einnahmen als persönliche Provision zurückbehalten, während der Rest aufs Sparbuch geht oder zur Begleichung längst fälliger Rechnungen dient.

Werden Sie ein Tauschhändler

Wenn Sie etwas Bestimmtes erwerben möchten, muss das nicht bedeuten, dass Sie dafür Bargeld ausgeben müssen. Sie können stattdessen auch Güter oder Dienstleistungen zum Tausch anbieten. Ich kenne viele Leute, die das privat immer wieder tun – einen Schriftsteller, der einem befreundeten Unternehmer eine Pressemitteilung schreibt oder für einen anderen Bekannten einen schwierigen Brief an seinen Arbeitgeber formuliert und im Gegenzug dafür einen Rasenmäher oder einen Abend lang einen Babysitter bekommt. Ich kenne jemanden, der den Hund seines Nachbarn ausführt, der ihm dafür hin und wieder das Auto repariert.

Das funktioniert nicht nur auf der inoffiziellen, ganz privaten Ebene. Es gibt auch formale Tauschgemeinschaften, die Sie nutzen können. Sie werden LETS (Lokale Dienstleistungs- und Handelssysteme) genannt und haben ihre eigene Währung. Jedes Mitglied erhält ein Scheckbuch und kann Dienstleistungen von anderen Mitgliedern „kaufen" oder an sie „verkaufen".

Dabei wechselt keinerlei Geld den Besitzer und es kostet Sie nichts (außer einem relativ bescheidenen Mitgliedsbeitrag). Falls es in Ihrer Gegend keine solche Plattform gibt, warum gründen Sie nicht gleich selbst eine? Sie brauchen nur eine kleine Gruppe von Freunden und Nachbarn „zusammenzutrommeln", und schon kann's losgehen. Wenn Sie wissen wollen, wie man das Ganze aufzieht, googeln Sie unter „LETS".

Natürlich klappt es mit dem Tauschen am besten, wenn Sie etwas anzubieten haben, das andere Leute gerne kaufen möchten. Egal ob es Gemüse aus eigenem Anbau ist, ob Sie nebenher als Klempner arbeiten oder freie Zeit haben, um einen Hund Gassi zu führen – Sie sollten nicht nur nehmen, sondern auch etwas zu geben haben.

GEHEN SIE ONLINE

BEVOR WIR FORTFAHREN, gestatten Sie mir den Hinweis, dass viele der Tipps in diesem Buch nur dann möglich sind, wenn Sie Internet-Zugang haben. Wenn Sie also zu den Leuten gehören, die immer noch keinen Computer haben, wird es jetzt Zeit, sich einen zu kaufen. Wenn Sie etwas Einfaches nehmen, amortisiert sich das Gerät schon binnen Kurzem, wenn Sie seine vielen Möglichkeiten, Geld zu sparen, nutzen. Am besten kaufen Sie sich einen gebrauchten PC – manche Computer-Freaks kaufen sich alle paar Jahre ein neues Gerät, auch wenn ihr altes technisch noch aktuell ist und bestimmt noch ein paar Jährchen durchhält. Umso besser für Sie.

Gehen Sie also möglichst bald online, wenn es Ihnen mit dem Sparen ernst ist, und wenn Sie nicht wissen, wie das mit dem Internet funktioniert, machen Sie einen Computer-Kurs. Wenn Sie sich richtig umhören und Glück haben, bekommen Sie den Kurs vielleicht sogar gratis.

Gehen Sie nicht auf Einkaufsbummel

Wenn Sie nicht wissen, was es alles zu kaufen gibt, brauchen Sie das Zeug auch nicht. Was ich nicht weiß, macht mich nicht heiß. So einfach ist das.

Schaufensterbummeln ist eine Art nationales Hobby, insbesondere in wirtschaftlich schlechten Zeiten. Man denkt: Na ja, wenn ich es mir schon nicht kaufen kann, ansehen kostet ja nichts. Damit jedoch machen Sie alles nur noch schlimmer. Ob draußen im Laden, online oder im Versandkatalog in der Post – wenn Sie es erst gesehen haben, wollen Sie es haben. Wie sagte schon Oscar Wilde: „Ich kann allem widerstehen – nur nicht der Versuchung."

Wenn es Ihnen genauso geht, meiden Sie sie lieber.

Nehmen Sie Bargeld mit

Wenn ich Ihnen diesen Rat gebe, ist das nur die eine Hälfte. Die andere lautet: Nehmen Sie *nichts außer* Bargeld mit. Wenn Sie kein anderes Zahlungsmittel dabeihaben, können Sie auch nichts damit ausgeben. Okay, ich gebe zu, das klappt weder online noch am Telefon, aber es klappt, wenn Sie in unserer realen Welt einen Einkaufsbummel machen. Klamotten kaufen, Weihnachtseinkäufe oder der wöchentliche Einkauf im Supermarkt – da funktioniert es.

Entscheiden Sie im Voraus, wie viel Sie sich leisten können, nehmen Sie das nötige Bargeld mit (natürlich vor dem Einkaufsbummel, Ihre Kreditkarten sollen Sie ja zu Hause lassen) und nehmen ansonsten kein einziges Zahlungsmittel mit. Wie können Sie dann noch zu viel ausgeben?

Natürlich brauchen Sie etwas Selbstdisziplin, wenn Sie vorab entscheiden, wie viel Bargeld Sie mitnehmen wollen. Aber da ist es noch leicht, denn zu Hause ist die Versuchung nicht da. Und wenn Sie dann draußen in irgendeinem Laden stehen und sich ansehen, was Sie sich alles Schönes kaufen könnten, sind Sie gezwungen, sich an Ihr Budget zu halten.

Spielen Sie nicht mit Spielgeld

Hatten Sie als Kind auch Spielgeld – vielleicht auch mit so einer Ladenkasse aus Plastik? Oder Ihre Kinder? Wie Sie wissen, ist Spielgeld kein echtes Geld. Es ist So-tun-als-ob-Geld.

Wenn wir größer werden und schließlich erwachsen werden, leben wir in der Welt der Erwachsenen und fangen an, mit richtigem Geld umzugehen. Wir eröffnen ein Bankkonto, reichen unser Bargeld über die Ladentheke und stellen Schecks aus. Später, ungefähr zu der Zeit, ab der wir unser eigenes Geld verdienen, bekommen wir eine Kreditkarte und fühlen uns schon richtig erwachsen.

Halt! Die Kreditkarte wirkt auf uns, als wäre sie nichts als die logische Weiterentwicklung von Bargeld, Geldkarte und Scheckbuch, aber das ist sie nicht! Sie ist eine Art Rückschritt zu dem Spielgeld, das wir als Kinder hatten. Wenn Sie jemandem Ihre Kreditkarte aushändigen, kaufen Sie nicht wie ein Erwachsener mit Ihrem eigenen Geld ein. Das Geld, das Sie da in die Hand nehmen, ist *nicht wirklich*. Es ist Spielgeld. Können Sie es anfassen? Nein. Wenn Sie zu Ihrer Bank gehen und darum bitten würden, würde man es Ihnen dann auszahlen? Nein. Warum? Weil es eigentlich gar nicht existiert.

Tun Sie sich den Gefallen und hören Sie auf, mit Spielgeld zu spielen. Bleiben Sie beim realen Geld der Erwachsenen – das ist viel sicherer.

Frieren Sie Ihre Aktiva ein

Hier ist eine dauerhafte Lösung, um die beiden letzten Punkte besser umzusetzen. Sie ist ideal für jedermann, der sich selbst im Umgang mit Plastik nicht trauen kann, aber es nicht loswerden kann, weil es ja immer sein kann, dass man es wirklich braucht.

Frieren Sie Ihre Kreditkarten in einer Eisschale ein. Auf diese Weise haben Sie sie für Notfälle immer zu Hause (Sie müssen sie bei Bedarf allerdings erst mal auftauen), aber nicht für alltägliche Ausgaben parat.

Machen Sie Ihre wöchentlichen Einkäufe online

Wenn Sie auf einer fernen schottischen Insel oder fernab jeder Zivilisation wohnen, ist diese Regel vielleicht nicht das Richtige für Sie, aber viele von uns haben inzwischen die Möglichkeit, sich ihre Lebensmitteleinkäufe vom Supermarkt nach Hause bringen zu lassen.

Online-Shopping bietet viele Vorteile. Wenn Sie sich erst daran gewöhnt haben, geht es immer schneller (zuerst geht es langsam, denn Sie müssen ja erst einmal die Sachen aussuchen, die Sie praktisch immer brauchen). Sie sparen Benzinkosten und außerdem ist es wesentlich umweltfreundlicher, weil die Waren nur in *einem* Lastwagen transportiert werden müssen.

Und es ist billiger für alle – mit Ausnahme der Eigensinnigen. Ich weiß, es fällt Ihnen schwer, es mir zu glauben, aber es stimmt. Es ist doch viel leichter, sich auf Ihre Einkaufsliste zu beschränken, während es einem im Supermarkt schwer fällt, wenn man hier ein Sonderangebot sieht oder da hinten die saftigen Pfirsiche, wenn man das frisch gebackene Brot riecht und „zufällig" sieht, dass zwei Tafeln Schokolade heute dasselbe kosten wie sonst eine.

Ich weiß, Sie müssen das Liefern bezahlen – allerdings ist auch das an manchen Wochentagen billiger, beziehen Sie das in Ihre Planung mit ein –, aber ich wette mit Ihnen, dass es Sie alles in allem weniger kostet und dass Sie auf diese Weise obendrein weniger Lebensmittel wegwerfen müssen.

Gehen Sie nie mit leerem Magen einkaufen

Das ist wirklich ein Problem. Wenn es nicht anders geht, stecken Sie sich auf dem Weg zum Supermarkt eine Scheibe Brot in den Mund. Gehen Sie auf keinen Fall mit leerem Magen einkaufen, sonst wollen Sie am liebsten alles kaufen, was Sie sehen.

Eine gute Lösung, um das zu umgehen, ist Online-Shopping, der Einkauf im Internet. (Auch den machen Sie besser mit vollem Magen.) Wenn Sie schon persönlich in die Geschäfte gehen müssen, dann gehen Sie am besten direkt nach dem Frühstück oder nach dem Mittagessen hin (oder nach dem Abendessen, wenn es denn sein muss).

Das hilft Ihnen auch, nicht den Verlockungen zu erliegen, die überall auf einen lauern. Ob es nun Kekse sind oder Alkoholisches, Schokolade oder süße Desserts, Sie wissen, wo in Ihrem Supermarkt die „heiklen" Regale sind. Machen Sie es sich zur Regel, dort lieber gar nicht erst entlangzugehen. Wenn das bedeutet, dass Sie nicht an das Tonic Water oder an die tiefgefrorenen Erbsen herankommen, dann verzichten Sie eben auch auf diese Sachen. So sparen Sie noch mehr Geld.

Kaufen Sie zügig ein

Es ist einleuchtend: Wer sich weniger Zeit nimmt, kauft auch weniger ein. Sorgen Sie also dafür, dass Sie sich, wenn Sie einkaufen gehen, nicht stundenlang dafür Zeit lassen, damit Sie nicht zu viel Geld ausgeben.

Es gibt verschiedene Möglichkeiten, das zu vermeiden. Die einfachste ist, dass Sie sich einen Termin setzen, bis wann Ihre Einkäufe spätestens erledigt sein sollen, weil Sie danach noch eine Verabredung haben oder die Kinder von der Schule abholen müssen. Oder Sie parken irgendwo, wo Sie nicht allzu lange stehen bleiben dürfen und wissen, dass man Ihrem Auto eine Wegwerfsperre anlegt, wenn Sie nicht wieder zurück sind, bevor Ihre Parkuhr abläuft. Eine andere Methode, die ich selbst gern praktiziere, wenn ich in mehreren Geschäften hintereinander einkaufen gehe, von denen keines ein Klo hat, ist, dass ich vor dem Losfahren einen Liter Wasser trinke. Auf diese Weise ist gesichert, dass ich wieder nach Hause zurück muss, bevor ich all mein Geld ausgegeben habe. Sollten Sie kleine Kinder dabei haben, ist das auch sehr günstig für Sie – so werden Sie in kürzester Zeit wieder aus dem Laden hinauskomplimentiert und haben keine Chance, in aller Ruhe durch den Laden zu bummeln [9]

Natürlich sollten Sie ungefähr die richtige Zeit abschätzen, die Sie brauchen – aber bis Sie sich daran gewöhnt haben, rate ich Ihnen, lieber zu wenig Zeit zu veranschlagen als zu viel. Dies funktioniert sowohl für Ihren Lebensmittel-Wocheneinkauf im Supermarkt als auch für das, was man „Spaß-Einkauf" nennen könnte. Wenn Sie unter Zeitdruck sind, können Sie nur das einkaufen, was auf Ihrer Liste steht – dann kommen Sie gar nicht erst dazu, in anderen Regalen zu stöbern und sich von irgendwelchen Sonderangeboten ablenken zu lassen, die Sie gar nicht wirklich brauchen.

---

[9] Sollten Sie selbst keine kleinen Kinder haben, bin ich sicher, Ihre Freunde haben nichts dagegen, wenn Sie sich ihre Kinder für ein paar Stunden ausborgen – ganz im Gegenteil.

Schneiden Sie Gutscheine aus

Diese blöden kleinen Papierschnipsel – ich hasse sie. Wer von uns hat schon Bock, dauernd Coupons aus irgendwelchen Zeitungen und Zeitschriften auszuschneiden und damit in die Läden zu laufen? Und wer von uns will schon zu diesen nervigen Kunden gehören, die an der Kasse ewig brauchen, um das Zeug hervorzukramen und der Kassiererin vorzulegen?

Nun, wer von uns vernünftig ist, tut es trotzdem. Warum? Überlegen Sie sich doch mal, wie viel Sie allein an Ihrer Tankrechnung sparen können, wenn Sie die Coupons, die man so kriegt, wirklich eintauschen. Und dann erst die Coupons, die die Supermärkte ausgeben oder die man in den Zeitungen und Zeitschriften findet. Ich weiß, es macht ein bisschen Mühe – das gebe ich zu –, aber Sie werden sehen, die Mühe lohnt sich.

Vielleicht hilft jeder einzelne Coupon Ihnen nur, Centbeträge zu sparen. Aber Kleinvieh macht schließlich auch Mist, und die meisten von uns machen sich nie die Mühe, alle die eingesparten Cent mal zu addieren. Entweder, Sie sind ein Coupon-Sammler oder nicht. Wenn ja, herzlichen Glückwunsch. Wenn nein, dann haben Sie Ihre Augen wahrscheinlich nie darauf trainiert, Gutscheine wahrzunehmen und Ihren inneren Widerstand nicht überwunden, die Dinger auszuschneiden, sie in Ihre Brieftasche zu stopfen und sie bei jedem Einkauf mitzunehmen.

Wenn Sie wirklich weniger ausgeben wollen, ist dieser kleine Aufwand doch die Mühe wert. Da können Sie schon mal ganz schön sparen, ohne dafür auf irgendetwas verzichten zu müssen. Sie müssen keine Opfer bringen, keine Kompromisse eingehen, keinem Genuss entsagen. Alles, was Sie tun müssen, ist, sich daran zu gewöhnen, ab jetzt auch ein Couponsammler zu werden. Ist das so schlimm?

Nutzen Sie Ihren Stammkunden-bonus

Meine Frau hasst Supermarkt-Kundenkarten. Sie findet, das ist ein bisschen, wie wenn einem der Große Bruder dauernd über die Schulter schaut und genau weiß, was man so alles kauft. Sie verwendet ihre Kundenkarten schon, um zu sparen, aber ab und zu gibt sie ihre Karte an der Kasse ganz bewusst nicht ab, damit nicht jeder weiß, dass sie es ist. Es gibt ihr eine innere Genugtuung, dass sie wenigstens manchmal nicht die gläserne Kundin ist.

Ich persönlich halte dieses Denken für leichten Verfolgungswahn (in der harmlosesten Form, natürlich), in Anbetracht dessen, wie viel man mit so einer Kundenkarte sparen kann. Denn schließlich ist so eine Karte kostenlos und die Gutscheine und Sonderangebote, die man nur in Verbindung mit der Kundenkarte bekommt, erhält man ohne Wenn und Aber und ohne irgendeine Verpflichtung einzugehen – man muss nur seine

Kundenkarte vorzeigen, was leicht paranoide Leute wie meine Frau an sich schon stört.

Man kann mit so einer Treue-Karte nicht nur alle Gutscheine und Sonderangebote nutzen, die damit verbunden sind, sondern mit manchen Karten kann man sogar Treuepunkte bei anderen Geschäften sammeln. Auch die Webseiten, die Partnerverträge mit dem Kartenaussteller haben, halten zusätzliche Angebote bereit, die zu prüfen ganz lohnenswert sein kann. Ich kenne Leute, die absichtlich bei mehreren verschiedenen Supermärkten einkaufen, um sich aus allen Treueangeboten die für sie attraktivsten aussuchen zu können.

Das Einzige, woran ich Sie in diesem Zusammenhang erinnern möchte, ist, dass es Ihnen nichts bringt, wenn etwas, das Sie sonst gar nicht kaufen würden, nur halb so viel kostet – da haben Sie nichts gespart, sondern nur mehr ausgegeben.

Machen Sie das Beste aus Supermärkten

Die grossen Supermärkte sind alle verzweifelt bemüht, zu tun, was sie nur können, um Sie als Kunden zu gewinnen und zu halten. Sie nehmen – meist zu Recht – an, dass Sie als Kunde froh sind, wenn Sie möglichst viel sparen können. Deswegen denken sie sich immer wieder neue Möglichkeiten aus, Ihnen sparen zu helfen.

Im Allgemeinen sparen Sie dann am meisten Geld, wenn Sie vor dem Einkauf eine Einkaufsliste schreiben und sich dann daran halten. Das bedeutet aber nicht, dass Sie nicht schauen dürfen, wo Sie was am billigsten bekommen. Auch wenn Sie zum Beispiel normalerweise nur Marken-Cornflakes kaufen, verschließen Sie sich nicht einem Sonderangebot für Nicht-Marken-Cornflakes. Auch wenn Sie fest vorhatten, heute Abend Spaghetti zu kochen, können Sie, wenn Sie zufällig ein entsprechendes Sonderangebot sehen, statt Spaghetti eine andere

Nudelsorte kaufen, wenn es davon heute dieselbe Menge zum halben Preis gibt.

Wenn Sie nach Sonderangeboten suchen, finden Sie die in den meisten Supermärkten groß ausgehängt. Da gibt es BOGOFs (zwei Stück kaufen, nur eines bezahlen), zwei zum Preis von einem oder drei zum Preis von zwei, reduzierte Ware für bestimmte Zeit („solange der Vorrat reicht") und Ware, für deren Kauf man einen Gutschein oder einen Bon erhält.

Ich kenne viele Leute, die sich nicht darum scheren, sich nach solchen Angeboten umzusehen, aber auch viele andere, die auf diese Art und Weise einige Euro sparen.

Achten Sie darauf, wenn Sie „drei zum Preis von zwei" oder sowas nehmen, dass Sie die Waren auch vor Ende des Verfallsdatums verbrauchen – wenn Sie zwei Stück bezahlen, drei dafür bekommen, aber nur eines verbrauchen, haben Sie nichts gewonnen.

ACHTEN SIE BEIM EINKAUFEN AUF QUALITÄT, NICHT AUF DIE MENGE

EINES TAGES WOLLTE ICH meiner damaligen Freundin (und heutigen Ehefrau) ein besonders schönes Frühstück im Bett bereiten. Ich ging zur Floristin, um eine rote Rose fürs Frühstückstablett zu kaufen. Die Floristin fragte mich, ob ich nicht lieber zwölf rote Rosen haben wolle. Ich sagte: „Nein danke, eine genügt." Als ich das später meiner Frau erzählte, meinte sie, sie an meiner Stelle hätte diese Chance beim Schopf gepackt (aber diesmal hatte ich recht).

Warum unnötig Geld ausgeben? Warum nicht lieber ein fantastisches Feuerwerk kaufen als ein Dutzend billige Feuerwerkskörper? So bekommen Sie etwas Besseres – zum besseren Preis. Peppen Sie lieber Ihr bereits vorhandenes Party-

Kostüm mit einem tollen neuen Gürtel oder einem Schmuckstück auf, anstatt sich ein komplettes neues Outfit zu kaufen.

Auf diese Weise können Sie bei Ihren Weihnachtseinkäufen, beim Klamotten-, ja sogar beim Lebensmitteleinkauf sparen – ein einfaches Kochrezept kann man mit einer extravaganten Zutat aufpeppen und kommt dabei weitaus billiger weg, als wenn man lauter sündteure, weil gerade „trendige" Sachen kauft. Werten Sie Ihr normales Essen auf mit etwas Besonderem wie Steinpilzen, Trüffelöl oder Drachenfrucht (Pitahaya). Und wenn Sie dazu gern einen guten Wein genießen, warum nicht ein Glas edlen Wein anstatt eine ganze Flasche billigen Fusel trinken?

Achten Sie beim Einkaufen auf Qualität, nicht auf den Preis

Nun, da Sie auf Qualitätsware aus sind, werden Sie bald feststellen, dass dieses Kaufverhalten noch einen weiteren Vorzug hat: Wirklich gute Qualität hält länger als billiges Zeug. Also hören Sie lieber damit auf, alles zu kaufen, was Sie in die Finger kriegen können, nur weil es billig ist. Das hieße, am falschen Ende sparen. Ich weiß, wovon ich rede – ich selbst habe es früher immer wieder getan. Ich bin viel zu ungeduldig – wenn ich etwas haben wollte, dann sofort, und wenn ich es mir nicht leisten konnte, kaufte ich mir eine billigere, unechte Version.

Aber genau da war mein Fehler. Warum? Weil diese billigere Version viel schneller abgetragen, ausgewaschen oder kaputt war, schneller als vernünftige Ware. Ich möchte Ihnen hier keineswegs dazu raten, über Ihre Verhältnisse zu leben. Das wäre ja nichts als dumm in einem Buch, das Sie zu einer sparsamen Lebensführung anhalten soll. Ich sage nur: Wenn Sie sich das, was Sie haben wollen, nicht leisten können, dann verzichten Sie eben (zumindest vorläufig) darauf. Sparen Sie so lange, bis Sie es sich leisten können. Sonst müssen Sie mit irgendeinem billigen Ersatz vorliebnehmen, der seinen Zweck nicht wirklich erfüllt.

Ich habe drei kleine Kinder. Wenn es darum geht, Anziehsachen für sie zu kaufen, kaufen wir lieber gute Sachen, die richtig lange halten und die die beiden Jüngeren auch noch auftragen können. Wenn ich meinem Ältesten billige Klamotten kaufe, können wir uns glücklich schätzen, wenn sie überhaupt so lange halten, bis er herausgewachsen ist, für die Jüngeren sind die Sachen nicht mehr zu gebrauchen. Man braucht nur ein wenig zu rechnen, dann kommt man zu dem Ergebnis: Solange die guten Sachen, die ich für die Kinder zum Anziehen kaufe, nicht mehr kosten als das Dreifache des Preises von billigen, lohnt es sich für uns immer noch, primär auf Qualität zu achten und nicht auf den Preis.

Berechnen Sie den Preis pro Mal Tragen

Ist ein neuer Mantel 150 Euro wert? Dürfen die neuen Stiefel 60 Euro kosten? Nun, das hängt ganz davon ab, wie oft Sie die Sachen tragen wollen. Ein Freund von mir rechnet immer den „Preis pro Mal Tragen" aus. Wenn Sie sich einen schicken Mantel kaufen wollen, den Sie zur Hochzeit eines Freundes tragen möchten, aber ansonsten ganze zwei Mal im Jahr anziehen, dann kostet Sie das edle Stück 75 Euro pro Tag, an dem Sie es anhaben (wenn man obiges Beispiel zugrunde legt). Wenn Sie es jedoch in der kälteren Hälfte des Jahres fünfmal pro Woche tragen, kostet es Sie jeden Tag nur noch 1,15 Euro.

Es ist eine raffinierte Methode, Sie dazu zu bringen, sich auf den Nutzen einer Ware zu konzentrieren und danach ihren Wert für Sie zu bemessen. 75 Euro pro Mal Anziehen ist eine Menge Geld für jemanden, der finanziell knapp bei Kasse ist, da sind 1,15 Euro schon viel rentabler (vorausgesetzt, Sie haben die 150 Euro Kaufpreis überhaupt).

Mein Freund verwendet dieses Beispiel eigentlich nur beim Kleidung-Kaufen. Aber Sie können es selbstverständlich auch auf alle möglichen anderen Waren ausdehnen, von Küchenutensilien bis hin zu den Spielsachen Ihrer Kinder. Wenn Sie verstehen, welchen Wert eine Sache für Sie hat, fällt es Ihnen viel leichter, von einem leichtfertigen Kauf Abstand zu nehmen.

Entscheiden Sie, wie viel es wert ist

Hier ist eine weitere Strategie in Sachen Kleiderkauf, die Sie auch auf andere Produkte anwenden können. Was müssen Sie tun? Achten Sie nicht auf den Preis, bis Sie das Kleidungsstück anprobiert und in den Spiegel geschaut haben. Erst wenn es Ihnen gefällt, entscheiden Sie, wie viel Sie dafür ausgeben wollen. Dabei können Sie, wenn Sie wollen, die oben beschriebene Kalkulationsmethode „Preis pro Mal Tragen" anwenden, wenn sie Ihnen bei Ihrer Entscheidung hilft.

Jetzt ziehen Sie das gute Stück wieder aus und sehen Sie sich den Preis an. Ist er höher als das, was Sie eigentlich ausgeben wollten, dann kaufen Sie den Artikel lieber nicht. Ich weiß, es ist nicht leicht wegzugehen, wenn einem etwas gut gefällt. Die Versuchung ist groß, so zu tun, als hätten Sie sich sowieso einen Preis in dieser Größenordnung vorgestellt. Aber wenn Sie im Ernst weniger ausgeben wollten, sollten Sie das nicht tun.

Wissen Sie was? Ich mache es Ihnen ein bisschen leichter. Sie müssen ja nicht denken: Das kann ich mir niemals leisten.

Sagen Sie sich einfach: Ich warte den nächsten Sommerschlussverkauf, Ausverkauf oder Ähnliches ab und sehe, ob der Artikel dann so weit reduziert wird, dass ich ihn mir doch kaufen kann. Sollte das der Fall sein, werden Sie sich so gut fühlen, dass es für Sie die Mühe wert war, darauf zu warten. Und wenn nicht ... na ja, dann haben Sie wenigstens Geld gespart und wissen, dass das schöne Stückchen Stoff seinen Preis nicht wert war.

Seien Sie clever in Sachen Versandhandel

Ein Einkauf bei einem Versandhandelsgeschäft ist sehr vernünftig, besonders wenn Sie weit draußen auf dem Land wohnen. Aber auch mitten in der Stadt ist es immer noch eine rentable Sache. Denn Porto und Versandgebühren sind oft niedriger als die Benzinkosten, die Sie aufbringen müssen, um zu den diversen Läden zu fahren, und außerdem spart es Ihnen Zeit – und Zeit ist Geld, wie wir schon weiter oben gesehen haben.

Wenn Sie jedoch wirklich Geld sparen möchten, können Sie noch mehr vom Einkaufen im Versandhandel profitieren. Wie das geht? Es gibt dort viele zusätzliche Angebote, wenn Sie mal genau danach Ausschau halten, zum Beispiel:

- Nehmen Sie eine Firma, die *versandkostenfrei liefert*.

- Prüfen Sie, ob die Sendung ab einer bestimmten Summe *portofrei* geliefert wird und warten Sie so lange, bis Sie diese Bestellsumme erreicht haben.
- Manche Unternehmen gewähren einen *Rabatt auf Online-Bestellungen*.
- Manchmal können Sie *Liefergebühren sparen*, indem Sie einen bestimmten Artikel bei einem ortsnahen Geschäft abholen und erhalten unter Umständen trotzdem den Online-Bestellrabatt.
- Sie bekommen manches billiger, wenn Sie den *Schlussverkauf oder Ausverkauf abwarten*.
- Supermärkte bieten *an bestimmten Wochentagen oder zu bestimmten Zeiten niedrigere Liefergebühren*. Erkundigen Sie sich danach.
- Viele Online-Bestellsysteme bieten Ihnen einen Rabatt, wenn Sie einen *Gutschein-Code* angeben. Wenn Sie auf Google suchen, können Sie solche Codes finden. Geben Sie den Namen des Versandgeschäfts plus das Wort „Gutschein" oder „Coupon" ein.

Prüfen Sie den Wert bestimmter Marken

Manchmal ist Markenware einer bestimmten Marke ihren Preis wert – dann, wenn man für sein Geld ein besseres Produkt bekommt, das haltbarer oder besser oder was auch immer ist. In anderen Fällen kann es auch pure Geldverschwendung sein. Wenn ein Wimperntusche-Stift einen Hunderter kostet, ist er das wert, wenn man ihn auch für einen Zehner kriegt?

Die Antwort lautet: Das hängt ganz vom Produkt ab. Bei manchen teuren Produkten gibt es große Unterschiede, während man bei anderen unnötig viel für den „guten Namen" bezahlen muss. Woher weiß man, woran man ist? Dazu müssen Sie ein bisschen forschen.

Bei Make-up kann ich es Ihnen sagen. Nein, das hat nichts mit meiner persönlichen Erfahrung zu tun – ich habe natürlich nicht alles selber ausprobiert, was es da so gibt. Aber ich habe

Nachforschungen angestellt und herausgefunden, was man springen lassen muss und was nicht, wenn man das Beste haben will. Bei Schminke gehören zu den Dingen, die man ruhig auch preiswert kaufen kann, Anti-Faltencreme, Lippenstift und Wimperntusche. Mittlerweile gibt es im Bereich Grundierung und Lip-Gloss ganz neue Herstellungstechniken; wenn es Ihnen also die Sache wert ist, können Sie mit Recht teure Produkte kaufen. Wenn es um Shampoo und Conditioner geht, wäre es sinnlos, viel Geld dafür auszugeben; dasselbe gilt für Gesichtsmasken, Handcremes und so weiter.

Wenn Sie planen, sich ein Auto zu kaufen, ein Kinderspielzeug, ein Stück Fleisch oder eine Umhängetasche, erkundigen Sie sich. Gehen Sie ins Internet oder fragen Sie jemanden, dessen Urteil Sie vertrauen und versuchen Sie herauszufinden, ob Sie außer dem wohlklingenden Namen noch etwas anderes für Ihr Geld bekommen.

Fragen Sie sich, ob Sie es wirklich brauchen

Man ist nur allzu leicht versucht Dinge zu kaufen, die man in Wirklichkeit gar nicht braucht. Sie brauchen sich bloß mal in Ihrem eigenen Haus umzusehen – ich wette, da sind tausende Dinge, die Sie nicht ein einziges Mal mehr verwenden. Bei mir jedenfalls ist es so. Ich spreche nicht von der Schublade voll Plastiktüten, die darauf warten, wieder verwendet zu werden, die sich schneller füllt, als jemand Plastiktüten verbrauchen kann. Ich spreche über irgendwelche Geräte, Gegenstände und schöne, aber nutzlose Dinge, die Sie eigentlich nicht einmal mögen und über all die Dosen im Speiseschrank, deren Haltbarkeitsdatum schon längst überschritten ist[10]

Sie brauchen kein Wundergerät, um Äpfel zu entkernen – ein stinknormales Messer tut's auch. Sie brauchen auch kein besonderes Faser-Pflegemittel für Ihre Wäsche, zumindest nicht für 99 Prozent Ihrer Wäsche. Sie brauchen kein Gesichtsreinigungsmittel, keine Haartönung und keine Feuchtigkeitscreme (die meisten Männer kommen ganz gut ohne all das Zeug aus); wenn Sie Falten wirklich vermeiden wollen, rauchen Sie nicht, trinken Sie nicht und gehen Sie nicht in die pralle Sonne [11]

Wenn das Geld knapp ist, hinterfragen Sie alles, was Sie kaufen: Lohnt sich das wirklich? Wenn nicht, gönnen Sie dem Zeug keinen Platz in Ihrem Haus.

---

10) Irgendwo muss noch ein Rezept für in Wein marinierte Mini-Feigen sein. Egal, jetzt ist es eh zu spät.
11) Selbst dann, wenn Sie dies beherzigen, bekommen Sie Falten – da wette ich mit Ihnen.

Versuchen Sie stets, grössere Mengen zu kaufen

Ob es um Fünf-Liter-Behälter Shampoo oder Flüssigwaschmittel geht oder darum, dass Sie alles, was Sie brauchen, bei einem einzigen Laden kaufen, damit Sie um einen Mengenrabatt bitten können – es macht sich bezahlt, große Mengen zu kaufen.

Wenn Sie Ihr Shampoo und Sonstiges in großen Behältern kaufen, müssen Sie die ja nicht im Bad aufheben. Bewahren Sie große Behälter in der Garage, im Keller oder unterm Spülbecken auf und füllen Sie sie zum Gebrauch in kleinere Gefäße um. Sie können sogar kleine (aber zweckdienliche) Produkte kaufen und sie vorsichtig in Flaschen mit Marken-Aufdruck gießen, wenn das Ihrem Sinn für Humor entspricht.

Großeinkäufe sind prima bei Haushaltsprodukten, Kosmetikartikeln und Babysachen – unter anderem. Großmärkte sind dafür wunderbar geeignet, aber Sie können Einkäufe in Mengen auch gut online tätigen. Einer meiner Freunde schwört darauf und erzählt mir, er maile Online-Einzelhändler an, die ihm alle Produkte verkaufen, die er braucht und mache ihnen ein Angebot, etwa so: „Ich möchte Waren im Wert von 400 Euro bestellen. Ich kann davon entweder weniger bei Ihnen bestellen oder mich woanders umsehen, oder Sie geben mir einen ordentlichen Rabatt und ich kaufe alles bei Ihnen." Viele Online-Händler geben einem zehn bis zwanzig Prozent Rabatt, wenn man sie vor diese Wahl stellt.

Versuchen Sie es mit kleineren Unternehmen

Anknüpfend an den letzten Tipp kann ich Ihnen sagen: Solche Verhandlungen um Mengenrabatte können Sie in der Regel erfolgreicher mit kleinen Unternehmen führen als mit großen. Kleine sind im Allgemeinen flexibler und eher dazu bereit, Ihnen nützliche Extras oder ein besseres Geschäft anzubieten. Egal, ob es sich um Online-Einzelhändler, um den kleinen Laden um die Ecke oder um einen Marktstand am Ort dreht – kleine Händler machen Ihnen meist gern günstige Angebote, wenn Sie sie danach fragen.

Sie werden auch feststellen, dass Sie als Stammkunde alle möglichen geldwerten Vorteile genießen, von Rabatten bis hin zu kostenlosen Warenmustern. Ähnlich, wie der Metzger am Ort auch in Kriegszeiten für seine Stammkunden Extra-Würste unterm Ladentisch hatte, wollen auch heutzutage kleine Händler Sie als Kunden behalten und an sich binden. Bleiben Sie also Ihren besten Lieferanten treu und sorgen Sie dafür, dass sie es spüren. Denn auch sie haben vielleicht hart zu kämpfen und tun alles, was in ihrer Macht steht, um ihre besten Kunden zu halten.

Gewöhnen Sie sich an zu feilschen

Es ist nicht sehr sinnvoll, wenn Sie den Typ an der Kasse Ihres Supermarktes fragen, ob er Ihnen die Dose mit weißen Bohnen in Tomatensoße um zehn Cent billiger gibt. Aber ansonsten gibt es jede Menge Gelegenheiten zu feilschen. Man muss nur diese Scheu überwinden, die Einstellung, es sei unverschämt zu feilschen, es sei denn, man ist in einem anderen Land, wo Feilschen sozusagen Pflicht ist. (Oder man kauft einen Gebrauchtwagen – da ist es auch Usus.)

Sie sollten Ihre Einkäufe öfter in mediterranen Bazaren oder arabischen Teppichgeschäften tätigen. Dann würde es Ihnen bestimmt viel leichter fallen, sich an das Feilschen auch hier zu gewöhnen. Hier sind ein paar Tipps für den Anfang:

- Erstens, *betrachten Sie es nicht als Feilschen.* Fragen Sie einfach nur nach einem Rabatt. Dann ist es Ihnen nicht so peinlich.

- *Wählen Sie Ihren Einzelhändler gut aus.* In den Läden der großen Kaufhausketten sieht man Feilschen grundsätzlich nicht gern. Außerdem haben Sie es da mit Verkäufern zu tun, die gar nicht das Recht haben, Ihnen Rabatte zu gewähren, selbst wenn sie Ihren Mut ganz toll finden. Idealerweise müssen Sie mit dem Geschäftsinhaber verhandeln oder zumindest mit einem Abteilungsleiter.
- *Fragen Sie, ob ein Rabatt möglich wäre.* Üben Sie den Satz: „Wissen Sie, ich würde es gern kaufen, aber es ist 10 Euro teurer, als ich geplant habe."
- *Wenn man Ihnen keinen Rabatt gewähren will* – oder Sie sich nicht trauen, danach zu fragen –, schauen Sie, ob es wenigstens etwas extra gibt.
- *Üben Sie das Feilschen mit Online-Händlern,* denn das können Sie auch per E-Mail tun. Das ist nicht so peinlich, wie wenn man es persönlich tun muss (falls Sie damit ein Problem haben sollten). Wenn Sie erste Ergebnisse erreicht haben, können Sie mutiger werden und es auch persönlich bei anderen Händlern probieren.

Bezahlen Sie nie den verlangten Preis

Jetzt geht es nicht mehr nur ums Feilschen – jetzt geht es auch darum, dass man nicht den erstbesten Preis für eine Ware bezahlt, der verlangt wird. Das ist heutzutage, wo die Preise der Online-Händler im Internet so leicht zugänglich sind, wo es Websites mit Preisvergleichen, Ebay und Marktplatz-Optionen gibt, kein Problem mehr, wenn man wirklich sparen will.

Nehmen Sie sich fest vor, keinen zum einmaligen Gebrauch bestimmten oder sonstigen Artikel für mehr als, sagen wir mal, zehn Euro zu kaufen, ohne vorher wenigstens drei Angebote einzuholen. Vergessen Sie dabei nicht, die Lieferkosten und etwaige sonstige Kosten zu prüfen, damit Sie sicher sein können, dass Sie die vollen Kosten kennen, bevor Sie sich zum Kauf entschließen.

Ich kenne einen Mann, der das routinemäßig macht und mir oft mit strahlendem Gesicht von seinem neuesten Schnäppchenkauf erzählt. Er kauft sogar manchmal Sachen aus Übersee, die trotz Frachtkosten immer noch billiger sind als hiesige Ware. Es kann eine große Befriedigung sein, wenn Sie wissen, dass Sie etwas zum günstigsten Preis, der überhaupt möglich war, erstehen konnten.

Denken Sie beim Kaufen schon ans Weiterverkaufen

Manchmal möchte man nur das Beste kaufen, braucht es aber nicht unbedingt so lange, wie es hält. Vielleicht ist es ein bestimmtes Auto oder Baby-Ausrüstung oder eine bestimmte Elektronik (nicht dass Sie Geld für irgendein neumodisches Spielzeug ausgeben, aber vielleicht für die Arbeit).

Klug ist es, das Teil zu kaufen, aber mit der festen Absicht im Hinterkopf, es wieder zu verkaufen, sobald Sie es nicht mehr brauchen. Noch klüger ist es jedoch, dies gleich beim Kauf zu berücksichtigen. Prüfen Sie den Wiederverkaufswert der Waren, die Sie eventuell erwerben wollen (am einfachsten geht das in Ebay) und entscheiden Sie sich für dasjenige Produkt, das Sie später mit dem geringsten Wertverlust losbekommen. Oft sind diese Erzeugnisse besser als die, die Sie sonst gekauft hätten. Es ist immer wieder erstaunlich, wie viel bestimmte begehrte Artikel einem gebraucht noch einbringen – manchmal sogar nur unwesentlich weniger als den vollen Einstandspreis (insbesondere dann, wenn sich die Leute in Online-Versteigerungen zum Bieten hinreißen lassen). Ihre diesbezüglichen Nachforschungen werden sich bald bezahlt machen.

Natürlich klappt das nur, wenn Sie den Gegenstand nach Gebrauch wie geplant weiterverkaufen. Dazu gehört auch, dass Sie ihn, solange Sie ihn besitzen, pfleglich behandeln. Stellen Sie sich vor, Sie hätten ihn nur geliehen. Langfristig jedoch werden Sie merken, dass qualitativ hochwertige Produkte weniger kostspielig sind. Mit anderen Worten: Es ist eine Win-win-Situation.

Machen Sie online gute Geschäfte

Das Internet ist eine wunderbare Sache, besonders wenn Sie etwas kaufen oder verkaufen wollen. Wenn Sie etwas zu verkaufen haben, ermöglicht es Ihnen den direkten Zugang zu vielen potenziellen Käufern und wenn Sie etwas kaufen wollen, zu ebenso vielen potenziellen Verkäufern.

Eine der besten Möglichkeiten, weniger Geld auszugeben, ist, sich mit Seiten wie eBay vertraut zu machen, auf denen Leute wie Sie und ich Dinge verkaufen können, die sie nicht länger haben wollen – oder Dinge kaufen können, die andere nicht mehr brauchen. Es ist einfach, sich dort einzutragen, es gibt viele gute Sicherheitsmechanismen, das Bezahlen ist unkompliziert – probieren Sie´s aus, falls Sie es nicht schon kennen.

Ebay ist eine hervorragende Plattform für fast alle Arten von Käufen und Verkäufen. Besonders begeistert scheinen mir diejenigen User zu sein, die diese Website zum Handel mit Kinderkleidung nutzen. Wenn sie nicht gerade super modebewusst sind, tragen viele Erwachsene ihre Kleidung so lange, bis sie nicht mehr gut aussieht[12] Zumindest ist es so, wenn wir uns bemühen sparsam zu leben. Aber Kinder wachsen schnell aus ihren Sachen heraus, und alles, was sie nur einmal pro Woche anhaben – Ballettschuhe, Sportbekleidung, Skibekleidung, Fußballschuhe und so weiter –, eignet sich perfekt zum Handel auf Ebay und ähnlichen Webseiten.

Sollten Sie die Website www.freecycle.org noch nicht kennen, kann ich sie Ihnen nur empfehlen. Jeder, der etwas loswerden möchte, bietet es anderen Mitgliedern kostenlos an. Für gewöhnlich sammelt der Käufer – die Website bringt Sie direkt zu Ihrer örtlichen Niederlassung. Ich kenne Leute, die über diese Website kostenlose Weihnachtsgeschenke für ihre Kinder bekommen haben, Kaninchenställe, Rasenmäher, Kühlschränke – und was weiß ich nicht alles. Es ist eine der besten Möglichkeiten, die ich kenne, sparsam zu leben.

Dies sind nur ein paar beliebte Beispiele. Aber wenn Sie erst richtig mit Ihrem Computer vertraut sind, werden Sie eine Menge Webseiten entdecken, die Ihnen dabei helfen können, kostengünstiger zu kaufen und zu verkaufen – oder das, was Sie haben wollen, sogar kostenlos zu bekommen.

---

12) Es sei denn, wir nehmen plötzlich stark zu oder ab.

Kaufen Sie zweimal ein

Wenn Sie zu der Entscheidung gelangt sind, dass Sie es sich leisten können, Anziehsachen, Weihnachtsgeschenke oder Einrichtungsgegenstände für Ihr Haus einkaufen zu gehen, nehmen Sie sich zwei oder mehrere Male dafür Zeit. Beim ersten Mal sehen Sie sich einfach nur um. Notieren Sie, was Sie haben wollen und wo es das für wie viel Geld gibt, sodass Sie später darauf zurückkommen können.

Das zweite Mal ist nicht mehr zum Umsehen gedacht, sondern da kommen Sie wieder und kaufen die Dinge, die Sie das erste Mal notiert haben. Sie werden feststellen, dass Sie, wenn es wirklich so weit ist, vieles, was Sie gereizt hatte, doch nicht kaufen und sich dann nur die paar Artikel holen, die Sie unbedingt haben wollen. Das Ganze ist, wenn Sie so wollen, eine Art eingebaute Abkühlfrist. Manchmal reicht schon der Aufwand, den Sie betreiben müssen, um das Geschäft erneut aufzusuchen, um Sie dazu zu bringen, den Artikel nicht zu kaufen – ein klarer Hinweis darauf, dass Sie ihn gar nicht wirklich haben wollen.

Schliessen Sie sich Mailinglisten an

Wenn Sie online einkaufen – und glauben Sie mir, Sie würden es tun, wenn Sie, wie ich, weit weg von den nächsten Läden wohnen würden –, ist es immer Geld wert, die Newsletter und Mailinglisten der Unternehmen, bei denen Sie regelmäßig einkaufen, zu abonnieren.

„Wozu das?", werden Sie sich vielleicht fragen. Sie bekommen sowieso schon mehr Spam-Mails, als Sie bewältigen können, zusätzlich zu all den erbetenen Mails, die Sie meistens gar nicht gebrauchen können. Aha! Da liegen Sie falsch. Fast alle Online-Einzelhändler schicken ihren Kunden das ganze Jahr über immer wieder Sonderangebote. Ihr E-Mail-Postfach läuft über mit Mails, wie „diesen Monat frei Haus" oder „alles über 50 Euro zehn Prozent billiger".

Denken Sie mal darüber nach. Wenn Ihr Obst- und Gemüsehändler, Ihr Zeitungsverkäufer oder Ihr Bäcker am Ort hart arbeiten müssen, um Sie an sich zu binden, wie viel schwerer ist es dann für Online-Händler – die Sie nicht einmal persönlich kennen –, Sie dazu zu bringen, wiederzukommen. Daher locken sie Sie mit einer Vielzahl von Sonderangeboten; Rabatten, Treuekonditionen und so weiter.

Natürlich müssen Sie mit solchen Dingen diszipliniert umgehen. Es ist nicht sinnvoll, bei jedem Angebot, das Ihnen ins Haus flattert, zuzugreifen; sonst sitzen Sie irgendwann mitten in einem Haufen Zeug, das Sie alles gar nicht brauchen. Das wäre ziemlich töricht. Aber wenn Sie es sich zur Regel machen, nur die Produkte zu kaufen, die Sie für sich als nützlich erkannt haben, Waren, die Sie vielleicht bereits bei demselben Händler gekauft haben, ist es eine großartige Möglichkeit, Geld zu sparen.

Steigern Sie mit

Ich weiss, Sie haben vielleicht Angst, dass Sie einen nervösen Tick bekommen und irgendwann für ein paar Millionen ein angeblich unbezahlbares Kunstwerk erstehen[13], während alles, was Sie eigentlich wollten, eine Schachtel voll gebrauchter Töpferware für einen Fünfer war. Aber es ist die Mühe wert, seine Nerven im Zaum zu halten, denn bei Versteigerungen können Sie eine Menge Geld sparen, insbesondere bei größeren Artikeln wie Autos, Computer, Elektrik, Häusern und Grundstücken.

Ganz wichtig ist, dass Sie vorher für sich ein Höchstgebot festlegen und dann auf keinen Fall darüber gehen. Sie müssen sich absolut im Klaren sein, wie viel Ihnen der Gegenstand, um den es geht, wert ist und Ihr Gebot entsprechend ansetzen. Selbstverständlich sollten Sie sich zuvor gründlich informiert haben. Prüfen Sie sowohl den Artikel als auch seinen Marktwert. Sie müssen sehr diszipliniert sein, genau wissen, was Sie wollen, und wenn Sie es nicht zu dem vorher selbst festgesetzten Preis bekommen, davon lassen – und auch nichts anderes kaufen, um die Lücke der Enttäuschung zu füllen.

Wenn Sie nicht auf sich selbst vertrauen können, dass Sie sich nicht zu etwas Unüberlegtem hinreißen lassen, ist die narrensichere Lösung, dies zu vermeiden, die, dass Sie jemand anderen bitten, für Sie zu steigern und demjenigen ganz klar sagen, wie viel er höchstens bieten darf. Ich sagte, narrensicher – wenn Sie natürlich einen impulsiven, hitzigen Optimisten bitten, dies zu tun, der sich selbst nicht beherrschen kann, dann bekommen Sie, was Sie verdient haben. Bitten Sie stattdessen einen umsichtigen, ausgeglichenen Menschen, und Sie sind auf der sicheren Seite.

13) Ich habe nie verstehen können, dass etwas angeblich Unbezahlbares doch seinen Preis hat.

Machen Sie bei Wettbewerben mit

Eine Bekannte von mir macht für ihr Leben gern bei Preisausschreiben mit. Eines Tages entschied sie, als Zuschuss zu ihrer bevorstehenden Hochzeitsfeier so viel zu gewinnen wie irgend möglich. Allein aufgrund der Tatsache, dass sie mitmachte, wurden ihr alle Getränke für ihre Hochzeitsfeier spendiert, plus einem gemütlichen Abendessen für vier Personen, das von einem professionellen Koch eine Woche vor ihrem großen Tag bei ihr zu Hause zubereitet wurde, plus einer luxuriösen Flitterwochen-Reise in ein exotisches Land. Übrigens gewann dieselbe Dame nur ein Jahr später eine dreimonatige Weltreise.

Sie sehen also, es ist kein Quatsch, sich an Preisausschreiben zu beteiligen. Die Dame hat mir gesagt, viele Leute würden von der Teilnahme abgeschreckt, weil sie denken, sie hätten sowieso nicht die geringste Chance gegen die anderen Teilnehmer, dabei nähmen an vielen Wettbewerben erheblich weniger Leute teil, als man gemeinhin denkt. Manchmal darf man sich den Preis in bar auszahlen lassen (und selbst wenn Sie das nicht dürfen, können Sie den Preis hinterher immer noch verkaufen). Außerdem sind alle Gewinne steuerfrei.

Es gibt viele Strategien und Methoden zu gewinnen, besonders wenn Slogans und ausschlaggebende Stimmen dabei sind, etwa Reime oder Wortspiele. Starten Sie eine Online-Suche (versuchen Sie es zu Beginn mal mit dem Wort „Wettbewerb"), und Sie finden genügend Websites, die nur zum Ziel haben, Tipps zum Gewinnen von Wettbewerben weiterzugeben.

Sie sollten wissen, wann Sie verkaufen ... und wann Sie kaufen

Ob Sie nun in einem Laden einkaufen, etwas bei Ebay verkaufen oder zu einer Versteigerung gehen – richtiges Timing macht sich bezahlt. Das ist im Allgemeinen nicht sehr erstaunlich, aber es ist notwendig, alles vorher gut zu planen. Abendgarderoben zum Beispiel sind in den Wochen vor Weihnachten besonders gefragt und werden dann im Januar wieder verkauft. Daher sollten Sie, ob Sie nun zum Winterschlussverkauf gehen oder online handeln, im Januar kaufen und im November oder Dezember verkaufen. Was bedeutet das? Dass Sie, wenn Sie für Ihre aufregenden und glamourösen Weihnachtsfeiern etwas Schickes zum Anziehen suchen, es schon elf Monate vorher kaufen. Wenn Sie ein Hochzeitskleid, beziehungsweise einen Hochzeitsanzug suchen, diese werden immer zum Sommerende verkauft, da Hochzeiten für gewöhnlich im Sommer stattfinden.

Wenn Sie einen Second-Hand-Grill brauchen, ein Sport-Cabrio oder ein Boot, sind die Preise dafür Ende August besonders niedrig und ziehen ab dem Frühjahr wieder an. Weihnachtsdekorationen sind im Januar am günstigsten zu haben und werden ab September wieder teurer. Kaufen Sie sich Ihren Badeanzug im November und verkaufen Sie Ihren Wintermantel im Oktober.

Ich bin sicher, Sie haben mich verstanden und können Ihre Planung auch ohne mich weitermachen. Sie müssen nur immer wieder daran denken, dass Preise nicht das ganze Jahr über gleich hoch sind und dass Sie eine Menge sparen können, wenn Sie schlau genug sind zu wissen, wann Sie am besten kaufen, beziehungsweise verkaufen sollten. Sie müssen nur lernen, vorausschauend zu denken und gut organisiert zu sein – ich kann Ihnen versichern, es rechnet sich.

Unterstützen Sie den Bauernhof bei Ihnen zuhause

Waren Sie schon einmal am Wochenmarkttag auf Ihrem örtlichen Marktplatz einkaufen? Wenn nicht, kann ich es Ihnen nur wärmstens empfehlen. Es ist ein schöner Zeitvertreib für ein paar Stunden (außer vielleicht, wenn Sie kleine Kinder haben), und Sie können überall kostenlos Obst, Käse, Wurst und Wein probieren.

Die Lebensmittel direkt vom Bauernhof, die dort feilgeboten werden, sind nicht unbedingt billig, obwohl sie meistens ihren Preis wert sind. Aber Sie werden merken, dass biologisch erzeugte Lebensmittel auf dem Marktplatz günstiger zu haben sind als im Supermarkt – und die Qualität ist so gut wie immer hervorragend.

Die beste Möglichkeit zum Geldsparen erhält man jedoch auf solchen Märkten, wenn man erst eine Stunde vor Schluss hingeht. Dann haben viele Standbesitzer jede Menge Lebensmittel übrig, die sie nicht unbedingt wieder einpacken und mitnehmen wollen, und wenn Sie bereit sind zu feilschen (oder auch nicht), können Sie jetzt noch ein paar schöne Schnäppchen mitnehmen.

TRINKEN SIE LEITUNGSWASSER

WISSEN SIE, WIE VIEL GELD Sie im Jahr für Mineralwasser in Flaschen ausgeben? Rechnen Sie mal. Okay, ich helfe Ihnen ein bisschen. Wenn Sie einen Liter pro Tag trinken, kostet Sie das ungefähr 307 Euro – je nach Marke des Wassers, natürlich. Wenn Sie mehr als einen Liter täglich trinken, können Sie es sich selbst ausrechnen. Wenn Sie es in Cafés und Restaurants bestellen, ist es natürlich noch viel teurer. In Flaschen abgefülltes Wasser kostet bei uns in England in etwa so viel wie Benzin.[14]

Dabei sind die Auswirkungen auf die Umwelt noch gar nicht mit eingerechnet – ich meine, die Herstellungs-, Verpackungs- und Transportkosten.

Denken Sie einmal darüber nach, was Sie mit diesem Geld alles anfangen könnten. Sie bekämen Ihre Familie zwei Wochen oder länger satt oder Sie könnten abends mehrmals ausgehen, Sie könnten einen großen Teil Ihrer Weihnachtseinkäufe damit machen oder Ihrer Mutter jeden Monat Blumen kaufen oder ...

Sie könnten alles Mögliche damit bezahlen, und wenn es nur langweilige, aber wichtige Dinge wie unerledigte Rechnungen sind, die Sie dann los wären. Sie könnten sich davon auch einen Wasserfilter anschaffen, falls Ihnen die Idee, Ihr Wasser direkt aus der Leitung zu trinken, nicht behagt, und eine wiederverwendbare Trinkflasche, die Sie überallhin mitnehmen können.

Und wenn Sie sagen: „Aber ich kann doch kein mit Kohlensäure versetztes Wasser aus dem Wasserhahn trinken, oder?", dann haben Sie selbstverständlich recht. Aber Sie können sich ein Sprudel-Gerät und eine Flasche Kohlensäure kaufen und haben dann immer noch Geld gespart.

14) Und das würden Sie doch auch nicht trinken, oder?

Ändern Sie Ihre Gewohnheiten

Haben Sie schon einmal über all Ihre teuren Ess- und Trinkgewohnheiten nachgedacht? Es ist ja schon ein guter Anfang, wenn Sie von jetzt an Leitungswasser trinken. Aber das ist für viele unter uns nicht die einzige Gewohnheit, die wir ändern sollten. Hier sind ein paar weitere Ideen dazu, und auch wenn sie nicht für Sie gelten, beobachten Sie mal bewusst, was Sie Tag für Tag essen und trinken und wo Sie dabei mehr als nötig ausgeben:

- Viele von uns trinken abends zu Hause gerne *ein oder zwei Gläser Wein* (für mich bitte Rotwein). Selbst wenn es nicht der edle Château Margaux sein muss, kosten ein paar Flaschen Wein in der Woche Sie trotzdem mindestens einen Zehner. Die meisten Bekannten von mir, die mit dieser Gewohnheit brechen, sagen hinterher, sie fühlen sich jetzt viel besser – und reicher auch.

- Wenn Sie zu den Pendlern gehören, machen Sie dann gern an einem Kaffeestand oder Imbissstand Halt und nehmen *einen doppelten Espresso zum Aufwachen oder einen Latte Macchiato* oder sowas mit? Oder auch nur eine Tasse Tee? Wenn ja, multiplizieren Sie die Kosten doch mal mit fünf und Sie wissen dann, wie viel Sie Woche für Woche ausgeben – und jetzt noch mal 48, fürs ganze Jahr. Vielleicht wären Sie besser dran, wenn Sie eine Thermoskanne mit in die Arbeit nähmen – oder eine Flasche Wasser.
- *Gehen Sie in Ihrer Mittagspause gern etwas essen?* Wissen Sie, wie viel Sie das im Jahr kostet? Für das Geld könnten Sie sich zu Hause luxuriöse Sandwiches machen und hätten trotzdem noch jede Menge Geld gespart.

Kaufen Sie weniger Lebensmittel

Ja, jetzt geht's noch ein bisschen um das Thema Essen. Und wenn Sie wissen wollen, warum – weil wir einen bedeutenden Teil unseres Einkommens für Essen ausgeben (oft ohne es zu merken), und weil es der einfachste und am wenigsten schmerzhafte Bereich ist, wo man sparen kann, wenn man muss. Wir stellen uns einfach auf neue, geldsparende Gewohnheiten um. Also, nichts wie ran an den Herd ...

Wissen Sie, wie viele Lebensmittel wir pro Jahr wegwerfen? Ein Viertel dessen, was wir einkaufen. Doch, tatsächlich. Natürlich zählen da auch Bananenschalen und weggeworfene Teebeutel mit, zu deren Verzehr ich Ihnen nicht raten möchte, aber das Gros ist tadellos frisches Essen, das wir einfach übrig lassen. Wenn wir es fertig brächten, nur so viel zu kaufen, wie wir dann auch tatsächlich essen, könnten wir jeden vierten Euro, den wir für Nahrungsmittel ausgeben, sparen ... alles in allem mehrere hundert Euro im Jahr.

Wie können wir das am besten machen? Hier sind ein paar Ideen für den Anfang:

- *Planen Sie vor dem Einkauf, was Sie essen wollen.* Kaufen Sie nichts, wenn Sie nicht wissen, wann Sie es essen werden. Denken Sie nicht: „Die Birnen sehen heute aber gut aus ...", es sei denn, Sie legen ein paar von den Äpfeln zurück, die Sie gerade ausgesucht haben. Ihr Obstverbrauch wird nicht auf einmal sprunghaft ansteigen, nur weil Sie jetzt auch noch die Birnen gekauft haben. Das Ende vom Lied? Ihre Äpfel werden braun und faulig.
- *Sie sollten wissen, wie und wo man Lebensmittel am besten aufbewahrt.* Wenn das nicht der Fall ist, müssen Sie Sachen wegwerfen, die Sie eigentlich essen wollten, weil sie plötzlich kaputt sind. Wenn Sie etwas nicht aufessen können, frieren Sie es ein, bevor es verdirbt.
- *Das Haltbarkeitsdatum sagt Ihnen, wie lange Sie ein Lebensmittel unbesorgt essen können.* Aber ein Hinweis „am besten vor dem ... verzehren" ist nur ein Tipp und bezieht sich auf Nahrungsmittel, die Ihnen nicht schaden können, wenn Sie sie erst danach verzehren (außer frische Eier, natürlich). Sie können derlei Hinweise ruhig ignorieren und sich selbst ein Urteil bilden, ob das betreffende Nahrungsmittel noch in Ordnung ist oder nicht.

Kaufen Sie billigere Lebensmittel

Warum kaufen so viele von uns keine markenfreie Ware ein? Ist es bloßer Snobismus, oder meinen wir wirklich, diese Produkte ohne bekannten Namen wären irgendwie schlechter? In Wirklichkeit verpacken viele Top-Markenhersteller genau dieselben Produkte, die sie unter einem eingeführten Markennamen überteuert anbieten, als Hausmarken für die großen Supermarktketten. Diese XY-Kekse sind oft keinen Deut schlechter als Top-Markenkekse, bei Babywindeln ist es nicht anders.

Daher ist eine der einfachsten und sinnvollsten Möglichkeiten, weniger auszugeben, auf die Hausmarken der Supermärkte zu wechseln. Probieren Sie diese Artikel offen und ohne Vorbehalte aus. Wenn Sie sie wirklich nicht mögen, können Sie entscheiden, ob Sie den Aufpreis für ein Markenprodukt, das Sie mögen, zahlen oder nicht – es ist Ihre Wahl. Ich mache hier nur Vorschläge. Es ist Ihr Geld.

Ist Ihnen eigentlich schon mal aufgefallen, wie viel mehr Sie für gewaschene, geputzte und frisch verpackte grüne Bohnen zahlen müssen als für unverpackte Bohnen, die man nur kurz unters Wasser halten und ein bisschen säubern und zuschneiden muss? Dasselbe gilt für Kartoffeln, Karotten, Zwiebeln, Pastinaken, Kopfsalat oder Äpfel. Die meisten Obst- und Gemüsesorten gibt es in unterschiedlichen Preislagen zu kaufen, je nach Sorte, Verpackung, Zubereitung, Sauberkeitszustand und so weiter.

Sie werden überrascht sein festzustellen, dass Sie im Grunde dieselben Lebensmittel im gleichen Supermarkt wie früher kaufen können, aber um einiges billiger, wenn Sie nur die Marke oder die Sorte wechseln. Tun Sie es – und halten Sie mal eine Blindverkostung für Ihre ganze Familie ab. Ich bin gespannt, ob jemand den Unterschied schmeckt.

Seien Sie ein raffinierter Geizhals

Ich weiss schon, was Sie jetzt sagen werden: „Meine Partnerin mag die weißen Bohnen in Tomatensoße nicht, wenn sie nicht von Heinz sind. Meine Kinder essen nur Kellogg's Cornflakes. Mein Hund frisst nur Hundefutter der Marke XY." Na ja, wenigstens den Hund kann man umerziehen.

Wenn Sie glauben, dass Ihre Kinder keine Hausmarken-Cornflakes mögen, kaufen Sie sie und füllen Sie sie in eine alte, leere Kellogg's-Schachtel um. Mal sehen, ob sie es merken. Ich wäre überrascht, wenn dem so wäre. Sagen Sie Ihrer Partnerin nicht, dass die Dose weiße Bohnen in Tomatensoße, die Sie gerade geöffnet haben, nicht von Heinz ist. Spülen Sie alte Gläser und Flaschen gründlich aus und füllen Sie Ketchup und Mayonnaise um.

Sie können entscheiden, ob Sie das ewig so weitermachen wollen oder ob Sie Ihrer Familie eines Tages reinen Wein einschenken wollen, wenn sie die „falschen" Produkte schon ohne zu klagen gegessen haben. Ich persönlich würde es ihnen schon sagen – und würde mich köstlich über ihre Reaktion amüsieren und mich freuen, dass ich sie drangekriegt habe.

Welche Ausrede können Sie jetzt noch gelten lassen, um keine Hausmarken zu kaufen? Höchstens die, dass Sie selbst die Sachen nicht mögen ...

Kochen Sie selbst

Es ist so verführerisch leicht, sich anzugewöhnen, verpacktes Gemüse und Fertiggerichte zu kaufen. Wer will schon nach einem langen Arbeitstag ewig in der Küche stehen? Nun, zum Beispiel jemand, der finanziell abgebrannt ist. Auch hier handelt es sich wieder bloß um eine alte Gewohnheit. Wir sagen, wir sind müde und haben keine Zeit zu kochen. Dabei ist auch das nur eine Ausrede. Es gibt so viele schnell und einfach zu kochende Gerichte, die Sie selbst kochen können; sie sind nahrhaft und kommen ohne das viele Salz und Glutamat aus, die Fertiggerichte immer haben. Wenn Sie mir nicht glauben, habe ich hier ein paar Vorschläge für Sie:

- mit Käse überbackener Toast mit Tomaten,
- schnell zubereitete Spaghetti mit Spinatblättern und Walnüssen,
- Kräuteromelette,
- Kochbeutelreis mit tiefgefrorenen Erbsen, Mais aus der Dose und Pilzen.

So viel fürs Erste. Den Rest können Sie sich selbst ausdenken. Auch wenn Sie anfangs vielleicht nur ein- oder zweimal in der Woche für sich selbst kochen, sparen Sie schon Geld. Später, wenn Sie sich daran gewöhnt haben, können Sie es ja öfter machen.

Nun, da Sie gelernt haben sich etwas zuzubereiten, können Sie auch mal auf Vorrat kochen – für die Tiefkühltruhe. So können Sie an Tagen, an denen Sie spät und todmüde von der Arbeit nach Hause kommen, in die Tiefkühltruhe greifen und sich in Nullkommanichts ein Fertiggericht warm machen – eines, das Sie selbst gekocht haben.

Verwerten Sie Reste

Diesen Vorschlag hätte auch Ihre Großmutter gut gefunden. Ich weiß, es klingt, als wäre es selbstverständlich, aber die meisten von uns tun es heutzutage nicht mehr. Wenn Sie Ihre Einkäufe gut geplant haben und weniger Lebensmittel kaufen, ist das mit den Resten ja auch kein großes Problem für Sie. Aber trotzdem bleibt mal etwas übrig, und Sie wollen doch nicht für eine weitere, neue Mahlzeit bezahlen müssen, wenn Sie fast alle Zutaten, die Sie brauchen, noch zu Hause haben, oder?

Beginnen Sie, indem Sie Reste von vornherein bei Ihrem Einkauf mit einplanen. Sie wissen doch selbst, was bei bestimmten Essen übrig bleibt, weil Sie sie schon so oft gekocht haben. Ich meine, den Sonntagsbraten, die Lieblingsgerichte Ihrer Kinder und so weiter. Wenn Sie schon wissen, dass wieder Kartoffeln und Gemüse übrig bleiben werden, machen Sie doch einfach am darauffolgenden Tag einen Eintopf. Dann müssen Sie nur noch ein paar Würstchen oder eine ähnliche Einlage dazu kaufen. Das ist viel besser, als irgendetwas ganz Neues zu kochen, dann den Kühlschrank aufzumachen und zu stöhnen: „O je, was soll ich jetzt bloß mit all dem Gemüse machen?"

Auch wenn Sie noch nicht wissen, was vom Essen übrig bleibt, können Sie planen, dass jede dritte oder vierte Mahlzeit ein Resteessen wird, in dem Sie alles das verwerten, was in Kürze sein Haltbarkeitsdatum überschreiten wird. So können Sie die Kosten für ein neu zu kochendes Mahl sparen. Werden Sie kreativ, was die Verwertung Ihrer Reste angeht. Kreieren Sie Schmortopfgerichte, Risottos, Currys, Nudelaufläufe und Salate.

Wenn Sie sich Sorgen machen, es könnte diesmal gar nichts übrig bleiben (wann ist Ihnen das nach drei oder vier Gerichten schon mal passiert?), sorgen Sie dafür, dass Sie für Notfälle immer noch etwas im Speiseschrank haben, zum Beispiel eine Dose weiße Bohnen – und keiner muss hungern.

Weitere Ideen bekommen Sie im Internet unter www.chefkoch.de/rezept-reste und auf vielen ähnlichen Seiten. So wird aus Ihren Resten auch noch was Gutes.

Frieren Sie viel ein

Das Gute an einer Tiefkühltruhe ist, dass Sie Lebensmittel nicht wegwerfen müssen, sondern sie einfrieren können, bevor ihr Haltbarkeitsdatum abläuft. Sie können auch Extra-Gerichte kochen und einfrieren, aber das spart eher Zeit als Geld – abgesehen davon, dass Sie sich dann nicht mehr die Mühe machen müssen, für sich allein zu kochen. Aber der größte Geldspareffekt einer Triefkühltruhe ist der, dass sie die Haltbarkeitsdauer Ihrer frischen Reste verlängert. Außerdem ist es doch beruhigend zu wissen, dass Sie für den Fall der Fälle immer ein kleines Lager voller günstiger, gesunder Gerichte zu Hause haben und nicht nur irgendwelche Glutamat-reiche Tiefkühlpizzen und Fertiggerichte.

Manchmal hat man ungeöffnete Päckchen mit Würstchen oder anderes da, was offensichtlich reif zum Einfrieren ist[15], das ist klar. Aber hier sind noch ein paar weitere, weniger offensichtliche Möglichkeiten, mit Ihrer Gefriertruhe bares Geld zu sparen:

- Machen Sie aus *alten Brotresten* Croutons oder Semmelbrösel und frieren Sie sie ein.

- Frieren Sie *Zitronen- oder Orangensaft* im Eisfach ein, um sie ein andermal beim Kochen wiederverwenden zu können.
- Frieren Sie übrig gebliebene *Soßen*, wie Pesto, Meerrettichsoße, Pfefferminzsoße und Ähnliches ein – alle Speisen, auf denen steht: „kühlen und innerhalb der nächsten sechs Wochen aufbrauchen".
- Verwenden Sie *Käsereste*, machen Sie Käsesauce daraus und frieren Sie sie ein. Sie können alle Reste zusammen in einen Topf werfen, von Frischkäse über Sahnekäse, von Schimmelkäse bis hin zum Ziegenkäse.
- Frieren Sie *gehackte frische Kräuter* ein (man kann sie leider nur in viel zu großen Bündeln kaufen). Geben Sie sie in Wasser in Eisbehälter und frieren Sie sie ein, um sie später in Suppen, Eintöpfen und Currys wieder verwenden zu können. Oder mischen Sie Kräuter oder Knoblauch mit Butter und frieren Sie sie in kleinen Mengen ein – für Knoblauchbrot oder Kräuterbrot oder zum Untermischen unters Gemüse vor dem Servieren.

Ich bin mir sicher, Sie finden selbst viele, viele clevere Tricks, wenn Sie erst einmal mit dem systematischen Einfrieren von Zutaten angefangen haben. Sehen Sie sich Ihre Reste an und kalkulieren Sie, wie viel sie Sie kosten. Das sollte Ihnen Motivation genug sein, Ihre Kühltruhe zum Sparen einzusetzen.

---

15) Sofern Würstchen überhaupt zu etwas reif sein können.

Kochen Sie weniger

Es fällt mir oft sehr schwer, diese Regel zu beherzigen. Ich bin es zu sehr gewohnt, für eine große Familie zu kochen. Es ist ja schön, dass Sie jetzt besser darüber Bescheid wissen, was Sie mit Ihren Resten anfangen können – trotzdem sollten Sie versuchen, nicht zu viel zu kochen. Der kostengünstigste Ansatz ist ganz einfach, immer nur so viel zu kochen, wie Sie auch verbrauchen.

Kohlenhydrate gehören zu den Speisen, die am häufigsten weggeworfen werden. Sie sind zwar nicht besonders teuer, aber auch sie kosten Geld (o je, jetzt klinge ich ja schon wie meine Mutter). Frieren Sie einen halben Laib Brot ein, bis Sie die andere Hälfte gegessen haben und kochen Sie nicht zu viel Reis und nicht zu viele Kartoffeln.

Viele von uns haben bestimmte Leibgerichte, die wir regelmäßig kochen. Passen Sie einmal gut auf, wie viel Ihre Familie von so einem Gericht wirklich isst. Sie können dies schon beim Einkauf der Zutaten tun – so habe ich gelernt, dass meine Kinder besonders gern Kartoffelbrei essen. Jedes Kind isst von der

Menge her ungefähr eine rohe Kartoffel. Wenn ich mehr Kartoffeln koche, habe ich wieder Reste übrig.

Eine zweite Möglichkeit ist die Auswahl eines Kochtopfes, der von der Größe her genau hinkommt. Ich habe einen ovalen Kochtopf, von dem ich aus Erfahrung weiß, dass er genau die richtige Größe für unsere Familie hat, wenn ich darin Makkaroni mit Käse, Lasagne, Moussaka oder einen Auflauf mache. [16]

Eine nützliche Daumenregel ist, dass eine gesunde Menge Obst oder Gemüse so groß sein sollte wie Ihre Faust. Hier ist noch so eine: Ein Kaffeebecher voll Reis genügt für vier Erwachsene.

---

[16] Warum, um Himmels willen, koche ich dann immer mehr, als hineinpasst?

Essen Sie günstig

Wenn es finanziell knapp wird, ist die Antwort nicht, weniger zu essen (obwohl das manchen von uns nicht schaden würde), sondern günstigere Lebensmittel zu essen. Der Trick besteht darin, sich ein Repertoire von Nahrungsmitteln zuzulegen, die gut schmecken, gesund sind, satt machen und trotzdem erschwinglich sind.

Am besten fahren Sie in diesem Fall mit Nahrungsmitteln, die auf sättigenden Kohlenhydraten basieren, denn die sind im Allgemeinen sehr günstig. In diesem Buch geht es darum, weniger auszugeben, nicht darum, gesünder zu leben, aber offensichtlich wäre es besser für Sie, Vollkornreis, Vollkornnudeln, halbentrahmte Milch und so weiter zu essen. Das überlasse ich aber Ihnen.

Nach diesem Prinzip gehören zu den guten und günstigen Gerichten Risottos, Nudelgerichte, Wurzelgemüsesuppen (dazu Brot), Blumenkohl mit Käsesauce (oder anderes Gemüse mit Käsesauce), Bohnengerichte und so weiter. Wenn Sie es schaffen, bei diesen Hauptgerichten Geld zu sparen, können Sie sich ja vielleicht ein paar leckere Kleinigkeiten als Belohnung gönnen.

Was Fleisch anbelangt, das ist immer sehr teuer; lernen Sie am besten, welche Stücke günstiger sind. Wenn Sie es kochen oder schmoren, nicht braten, rösten oder grillen, fahren Sie mit den billigeren Stücken am besten. Und wenn Zartheit kein Problem mehr ist, weil Sie das Fleisch langsam und im Wasser köcheln lassen, ist dieses günstige Fleisch oft sogar besonders schmackhaft. Außerdem ist es ganz lustig, wenn Sie Ihren Kindern weismachen können, Sie würden ihnen Fleischabfälle zu essen geben und Ihre Kinder dann belustigt feststellen, dass das Fleisch doch sehr gut schmeckt.

Werden Sie Vegetarier

Nicht jeder möchte auf seinen Sonntagsbraten, sein Steak oder Hühnerfrikassee verzichten. Aber es ist nun einmal eine Tatsache, dass Fleisch zu den teuersten Kochzutaten zählt und die einfachste Möglichkeit, Ihre wöchentliche Lebensmittelrechnung zu dezimieren ist nun einmal, das Fleisch zu streichen. Wenn Sie das nicht wollen, warum nicht wenigstens Ihren Fleischkonsum einschränken? Versuchen Sie, nur drei- oder viermal pro Woche ein Fleischgericht zu essen.

Eines der größten Probleme vieler Fleischesser ist, dass wir es so sehr gewöhnt sind, Fleisch und dazu zwei Sorten Gemüse zu essen, dass wir gar nicht wissen, was wir kochen sollen, wenn wir ein paar Tage in der Woche zu Vegetariern werden wollen. Man kann schließlich nicht dreimal in der Woche von gebratenen Nüssen leben, oder?

Vegetarier sind Menschen wie du und ich, und wenn sie es fertigbringen, sich zu ernähren, dann schaffen Sie es auch. Wenn Sie nicht gern kochen, wird es vielleicht etwas harte

Arbeit für Sie werden. Warum fangen Sie nicht einfach mit Gerichten an, die Sie schon kochen können, nur in einer vegetarischen Version? Machen Sie doch mal fleischlose Pfannengerichte (höchstens mit etwas Speck für den Geschmack), vegetarische Lasagne, vegetarische Moussaka oder Bolognese-Sauce.

Damals, als ich ganz knapp bei Kasse war, habe ich meinen jugendlichen Kindern öfters vegetarische Bolognese-Soße gekocht. Wie? Nun, ich warf alle möglichen Gemüsereste, die im Haus waren, in einen Topf und briet sie an wie Hackfleisch, fügte Tomaten aus der Dose hinzu und so weiter. Dann füllte ich alles miteinander in einen Mixer und pürierte es – heraus kam von Geschmack und Konsistenz her echte Bolognese-Soße. Und weil einer von meinen Söhnen behauptete, er sei allergisch gegen Pilze, machte es mir besonderen Spaß, noch Pilze hineinzutun – er hat gar nicht gemerkt, dass da Pilze drin waren.

Bauen Sie Gemüse selbst an

Ganz klar – wer selbst Gemüse anbaut, spart Geld. Ihr Problem ist nur: Sie haben weder die Zeit dazu noch den Platz, die Energie, die Werkzeuge oder die Erfahrung.

Hören Sie, Eigenanbau bedeutet *nicht*, dass Sie jetzt riesige Beete anlegen und jeden Sonntag im Gemüsegarten buddeln und es im Rübenanbau bis zur Perfektion bringen müssen. Wenn Sie meinen, das „blüht" Ihnen, überrascht es mich nicht im Geringsten, dass Sie davon nicht begeistert sind.

Aber Sie können in kleinerem Maßstab, als Sie denken, anfangen und nur dann und in dem Maße expandieren, wie Sie es wollen. Auch wenn Sie nur den Sommer über Ihre Lieblingskräuter auf dem Küchenfenstersims ziehen – sagen wir, Basilikum, Petersilie und Zitronenthymian –, sparen Sie schon bares Geld, denn Sie müssten die Sachen sonst kaufen, um Ihr Essen damit würzen zu können (oder darauf verzichten). Das allein wäre schon die Mühe wert. Auch wenn Sie nicht mehr als ein Fensterbrett zur Verfügung haben, können Sie, wenn

Sie wollen, in einer Box neben den Kräutern Erdbeeren anbauen.

Wenn Sie eine Veranda oder einen gepflasterten Bereich haben, gibt es Komposterde. Es ist erstaunlich, was Sie mit ein bisschen Komposterde alles machen können. Oder mit Containern zur Aufzucht von Erdbeeren oder Blaubeeren. Wenn Sie ein bisschen Garten haben, können Sie etwas Salat zwischen Ihre Blumen pflanzen, vielleicht auch ein paar Kräuter, Knoblauch und Rettiche. Und wenn das gut wächst, können Sie anfangen in größerem Maßstab zu denken. Als ich zum ersten Mal Gemüse anbaute, dachte ich, die Pflanzen würden, da ich von Tuten und Blasen keine Ahnung hatte, alle welk und löcherig sein, sofern überhaupt etwas wachsen würde. Aber zu meiner Überraschung waren fast alle Pflanzen, nachdem ich sie, wie in der Gebrauchsanweisung beschrieben, angesät hatte, stark und gesund und die Früchte richtig wohlschmeckend. Probieren Sie es mal!

Wenn Sie jetzt sagen, Sie hätten nicht einmal ein Fensterbrett, weil Sie im Keller wohnen – nun, da haben Sie ja die perfekten Aufzuchtbedingungen für Pilze.

Kostenloses Essen

Wenn Sie irgendwo in der freien Natur auf dem Land wohnen – oder auch nur durchfahren –, finden Sie zu bestimmten Jahreszeiten rechts und links des Wegesrandes Pflanzen, die Sie einfach pflücken können und dann nicht kaufen müssen. Was ich meine? Nun, zum Beispiel Brombeeren.

Vielleicht denken Sie jetzt: „Hält der mich für doof? Was will er denn mit Brombeeren? Damit spare ich kein Geld, ich kaufe mir doch keine Brombeeren, wenn die Zeiten hart sind – nicht zu Supermarktpreisen!" Aha. Aber früher oder später müssen Sie etwas anderes kaufen und auf den Tisch bringen, wenn Sie nicht verhungern wollen, und jetzt könnten Sie Brombeer- oder Apfelkuchen essen.

Ich will nicht behaupten, Sie könnten sich alles, was Sie zum Leben brauchen, zusammenstibitzen, aber schon ein bisschen kann eine große Hilfe sein, und es gibt herrliche Früchte ganz umsonst. Im Spätsommer und Frühherbst gibt es, wie gesagt, Brombeeren, im Frühling junge Nesseltriebe, aus denen Sie Brennnesselsuppe kochen können. Nein, ich bin kein typischer Hippie (okay, ich war mal einer, aber das ist lange her), aber wenn Sie Spinatsuppe mögen, werden Sie das bestimmt auch mögen.[17] Sie sollten Sich allerdings Handschuhe überziehen, bis Sie die Nesseln in der Pfanne haben.

In der Natur gibt's zum Nulltarif Holunderbeeren, Heidelbeeren, Bärlauch, Sauerampfer, Schlehen (machen Sie mal Ihren eigenen Schlehenlikör) ... und, wenn Sie am Meer leben, alle Sorten von Algen und Meerfenchel. Gehen Sie in die nächste Bücherei und holen Sie sich ein Buch über Esspflanzen – Sie werden staunen, was es alles Gutes gibt. Vielleicht sind Sie sogar so mutig, Pilze zu sammeln und zu essen (aber bitte nur, wenn Sie sich damit auskennen und die essbaren von den giftigen Pilzen unterscheiden können). Sich sein Essen in der freien Natur zu besorgen, kann eine Menge Spaß machen. Ein Tag Abenteuer im Freien und dazu noch was Gutes zu essen – was will man mehr?

Ach ja, und vom Angeln ganz zu schweigen ...

---

17) Ich selbst mag keine Spinatsuppe, aber viele Leute scheinen sie zu mögen – Sie ja vielleicht auch.

Bleiben Sie daheim

Was ich Ihnen jetzt erzähle, ist wahrhaftig nichts Neues. Aber viele von uns machen es sich einfach nicht bewusst. Wenn Sie sich entscheiden, auch nur einen Abend nicht auszugehen, sondern daheim zu bleiben, sparen Sie viel Geld – nicht nur für Essen, Trinken und Unterhaltung, sondern auch Fahrtkosten, Kosten für Babysitting, für das Reinigen Ihrer Garderobe und Sonstiges. Ich höre Sie schon jammern: „Aber Sie hatten doch versprochen, dass ich mich dabei gut fühlen darf! Und wo bleibt da, bitteschön, das Vergnügen?"

Natürlich müssen Sie nicht zu Hause sitzen, die Wände anstarren und über Ihr trauriges Sozialleben klagen. Sie können Freunde einladen und sich mit heimischem Gebräu volllaufen lassen – und das zu einem Viertel der Kosten, die Sie in einem Lokal hätten. Wenn Sie jemals Student waren, kennen Sie die Methode. Vielleicht wollen Sie sich nicht mit Schnaps aus Eigenanbau volllaufen lassen (wer will das schon?), aber es gibt viele andere Möglichkeiten, es sich zu Hause mit Freunden gemütlich zu machen – miteinander essen und trinken oder miteinander das Finale Ihrer Lieblingsshow angucken.

Wenn Sie ein sehr geselliger Mensch sind, hilft es Ihnen finanziell schon, pro Woche wenigstens einen Abend in der Stadt durch einen Abend mit Freunden zu ersetzen – und Sie müssen deswegen nicht auf Ihren Spaß verzichten. Und wenn Sie einander als Gastgeber abwechseln, brauchen Sie nur gelegentlich eine Nacht zu Hause zu bleiben – und sind ansonsten bei Ihren Freunden zu Gast, was auch ein Tapetenwechsel ist und ähnlich schön wie Ausgehen.

Gehen Sie später aus

Es ist so herrlich einfach. Sie wissen doch, wenn Sie mit Ihren Freunden einen ganzen Abend lang weggehen, vielleicht in die Kneipe oder sonst wohin, können Sie ganz schön Geld loswerden – mehr, als Sie wahrscheinlich wollten.

Die Idee, die ich Ihnen hier unterbreiten möchte, ist: Gehen Sie erst später hin, vielleicht erst ab 21.30 Uhr und nicht schon um 20 Uhr. Dann haben Sie nicht so viel Zeit, Ihr Geld auszugeben, geben also wahrscheinlich weniger aus als sonst. Sie können sich ja trotzdem schon um 20 Uhr mit Ihren Freunden treffen, vielleicht bei einem von Ihnen vor dem Haus, bevor Sie alle miteinander in ein Lokal ziehen, sodass Sie trotzdem genauso viel Zeit zusammen mit Ihren Freunden verbringen können. Das ist keine schlechte Idee, denn Sie können trotzdem ausgehen und miteinander Spaß haben, aber wenn Sie wieder zu Hause sind, werden Sie feststellen, dass Sie mehr Geld in der Tasche behalten als sonst.

Ein anderer Trick beim Ausgehen mit Freunden ist, Geld für die Heimfahrt im Taxi zu sparen. Verabreden Sie vorher, wer von Ihnen nüchtern bleibt und die anderen danach nach Hause fährt. Es ist gar nicht so schlimm, wenn man bei Soft-Drinks bleibt, billiger ist es natürlich auch, und außerdem trifft es Sie ja nur alle paar Mal.

Veranstalten Sie eine Tauschbörse

Vermutlich sind Sie nicht der Einzige, den Sie kennen, der kein Geld hat. Hier ist eine Idee, die Ihnen und Ihren Freunden hilft Geld zu sparen. Laden Sie ein paar Freunde zu sich nach Hause ein und bitten Sie jeden von ihnen, drei Dinge mitzubringen, die er nicht mehr braucht. Dann tauscht jeder mit jedem, so lange, bis jeder drei neue Gegenstände besitzt, die ihn nichts gekostet haben.

Sie können der Veranstaltung auch ein Thema geben, wenn Sie wollen, sodass jeder nur Kinderspielzeug mitbringt oder Kleidung, Küchengeräte[18], Weihnachtsgeschenke oder Gartenzubehör – was Sie eben besonders interessiert.

Wenn Sie clever sind, wird Ihnen nicht entgangen sein, dass dies eine großartige Gelegenheit ist, einen netten und zugleich billigen geselligen Abend miteinander zu verbringen. Sie können auch darum bitten, dass jeder Teilnehmer etwas zu essen mitbringt; dann muss niemand mehr als nötig für Essen ausgeben.

18) Warum sind unsere Küchenschränke hinten immer mit Zeug vollgestopft, das kein Mensch mehr braucht?

Machen Sie den Einkaufsbummel zum Wettbewerb

Wenn Sie gern im Freundeskreis gemeinsam einkaufen gehen, ist es möglich, dass Sie einander anstacheln, Dinge zu kaufen, die Sie sich gar nicht leisten können. Es ist schwierig, nein zu sagen, wenn Ihr Kumpel meint: „Mensch, guck mal! Toll! Sowas musst Du unbedingt haben!" Dann fällt es einem schwer, kühlen Kopf zu bewahren und der Versuchung zu widerstehen. Wenn Sie jetzt als Mann meinen, das könne doch nur unter Mädchen passieren, haben Sie sich ganz schön getäuscht. Zumindest nicht nur. Ich selbst habe schon Männer gesehen, denen es bei gebrauchten Autos oder beim Ramschverkauf von Booten ganz genauso erging.

Was ist dagegen zu tun? Finden Sie einen Freund, der ungefähr dasselbe Budget hat wie Sie selbst. Treffen Sie eine Vereinbarung mit ihm, Ihre Ausgaben so niedrig wie möglich zu halten. Zum Beispiel können Sie miteinander wetteifern, wer von

Ihnen beiden das günstigste Angebot findet, wer das beste Produkt sieht, das weniger als einen Fünfer kostet oder wer von Ihnen beiden am wenigsten Geld ausgibt. Sie können sogar einen Preis ausloben für denjenigen, der es schafft, während des gesamten Einkaufsbummels keinen Cent auszugeben. Auch das ist lustig und unterhaltsam und Sie können sich schon mal merken, was Sie sich später, wenn Sie Geld gespart haben, anschaffen wollen.

Gründen Sie einen Kreis von Babysittern

Wenn Sie Kinder haben, bedeutet Ausgehen, doppelt zahlen zu müssen – zum einen für Ihre eigene Abendunterhaltung und dann auch noch für den Babysitter Ihrer Kinder. Auf diese Weise kann ein netter Abend Sie eine hübsche Stange Geld kosten.

Nun, wie wir weiter oben gesehen haben, gibt es Möglichkeiten, beim Ausgehen günstiger wegzukommen. Aber Sie können auch beim Babysitten Geld sparen – auch ohne nette Großeltern, die Ihnen unentgeltlich behilflich sind.

Wie? Sie müssen nur ein paar Freunde finden, die in derselben Lage sind wie Sie, sodass abwechselnd einer beim anderen babysitten kann. Wenn es ein Paar ist, kann einer von beiden zu Hause bei den eigenen Kindern bleiben, während die andere Hälfte auf Ihre Kinder aufpasst. Ist nur ein allein erziehender Elternteil vorhanden, kann er (oder sie) auch mitmachen, wenn

Sie Ihre Kinder dort abgeben. Ich glaube, die meisten von uns würden gerne mal einen Abend lang babysitten, wenn sie dafür selbst auch mal einen Abend ausgehen könnten, ohne einen Babysitter bezahlen zu müssen.

Treffen Sie sich zum Mittagessen

Wissen Sie, dass viele Restaurants ein Mittagessen zum ermäßigten Preis, oft zum halben Preis, anbieten? So etwas sollte man sich ruhig zunutze machen. Ich weiß, wenn man arbeitet und Kinder hat, kann ein Mittagessen mit Freunden schwierig sein, aber wenn nicht beides zugleich auf Sie zutrifft, sollte es Ihnen möglich sein, so ein gemeinsames Mittagessen einmal während der Woche oder am Wochenende zu organisieren.

Ich weiß, ein Mittagessen ist oft schneller beendet und nicht so gemütlich wie ein Abendessen, aber muss das so sein? Sie können sich ja auch mittags Zeit lassen, gemütlich plaudern und anschließend noch in aller Ruhe Kaffee trinken – und sich dafür den Abend freihalten.

Natürlich können Sie zusätzlich sparen, wenn Sie in einem einfacheren Lokal essen; auch das ist klug. Aber wo Sie auch hingehen – Sie sparen auf jeden Fall, verglichen mit den Preisen fürs Abendessen. Auch ein gemütlicher Sonntagsbrunch unter

Freunden ist etwas Herrliches (ich weiß das noch aus meiner früheren, kinderlosen Zeit). Sie können sich zu einer zivilen Uhrzeit verabreden und bei Kaffee, Croissants und Orangensaft Zeitung lesen und darüber diskutieren, wie viel Geld Sie dabei sparen.

Teilen Sie mit anderen

Ich weiss ja nicht, wie es Ihnen geht, aber ich fühle mich nach einem reichhaltigen Essen in einem Restaurant immer zu satt, richtig aufgebläht. Mehr zu essen, als man braucht, macht schon in wirtschaftlich guten Zeiten keinen großen Sinn, aber wenn die Zeiten hart sind, ist es die reine Verschwendung.

Warum teilen Sie sich die Vorspeise oder den Pudding nicht mit Ihrem Gefährten? Wenn Sie, wie ich, nicht gern mit jemand anderem vom selben Teller essen, bitten Sie die Bedienung um einen Extra-Teller und teilen Sie die Portion unter sich auf, bevor Sie zu essen anfangen (es empfiehlt sich, dies vorher zu tun, wenn Sie Ihrem Kompagnon nicht vertrauen und Angst haben, er könnte sich zu viel nehmen).

Oder Sie können einen Gang weglassen. Oder Sie machen es wie meine Frau und bestellen zwei Vorspeisen anstatt einer Vorspeise plus Hauptgericht. Der Vorteil all dieser Methoden ist es, Geld zu sparen, ohne dass Sie deswegen auf Ihr Lieblingsgericht auf der Speisekarte (was immer der teuerste Gang ist) verzichten müssen. Vielleicht müssen Sie das Essen mit jemandem teilen, aber was soll's, dazu hat man doch Freunde, oder?

Und wenn Sie dann am Ende des köstlichen Mahles angelangt sind ... warum wollen Sie den Kaffee (und vielleicht auch noch den Weinbrand danach) bezahlen? Warum gehen Sie nicht auf einen Sprung zu sich oder zu Ihren Freunden nach Hause? Warum trinken Sie nicht Ihren Kaffee und Kognak zu Supermarktpreisen, anstatt die völlig überteuerten Restaurantpreise zu bezahlen?

Machen Sie einen Haustausch

Wohnungskosten im Urlaub können Sie komplett einsparen, wenn Sie mit einer anderen Familie das Haus oder die Wohnung tauschen. Allerdings gibt es da einen Nachteil – die andere Familie muss irgendwohin ziehen können, während Sie ihr Haus nutzen; daher die Idee des Haustausches. Sie wohnen solange bei Ihnen.

Natürlich gibt es Menschen – zum Beispiel Kontrollfreaks, Leute, die extrem stolz auf ihr Haus sind und solche, die seit mindestens zehn Jahren nicht mehr sauber gemacht haben –, für die diese Idee ganz und gar nicht attraktiv ist. Aber für viele von uns ist es eine tolle Gelegenheit, neue Freunde zu finden und günstig Urlaub zu machen.

Neue Freunde finden? Aber man sieht sich doch nie, oder? Nein, man sieht sich meistens nicht, aber Haustausch-Websites und -Unternehmen arbeiten so, dass man seine Tauschpartner eine Zeitlang kennenlernen kann, sodass man einander bis zu Ferienbeginn gut genug kennt, um keine Probleme mehr damit zu haben, dass „die Anderen" jetzt ins eigene Haus ziehen. Alternativ dazu können Sie natürlich auch mit Bekannten tauschen, wenn Ihnen das lieber ist.

Die Agenturen, die den Haustausch arrangieren, wissen in allen Lebenslagen Rat und sorgen dafür, dass alles ohne Ärger abläuft (zum Beispiel, wie Sie Ihre Wertsachen wegschließen können). Viele glückliche Tauschfamilien können auf diese Weise für wenig Geld in den Urlaub fahren, die es sich sonst nicht leisten könnten.

Buchen Sie spät

Wenn Sie Ihren Urlaub so spät wie möglich buchen, bekommen Sie ihn oft besonders günstig ("Last-Minute-Angebote"). Je weniger wählerisch Sie sind, was den Ort der Reise oder das Hotel angeht, umso mehr können Sie sparen. Wenn Sie auf ein bestimmtes Reiseziel festgelegt sind, funktioniert es allerdings nicht immer, denn besonders günstige Angebote bekommt nur, wer besonders spontan und flexibel ist.

Natürlich mögen viele von uns das Gefühl nicht, bis zuletzt nicht genau zu wissen, wo die Reise denn überhaupt hingehen soll, insbesondere dann nicht, wenn wir mit der Familie oder in der Gruppe verreisen wollen. Das ist verständlich. Aber es bedeutet noch lange nicht, dass Sie während des Urlaubs kein Geld sparen können. Es ist leicht, sich auf die Flugkosten und vielleicht noch die Kosten der Unterbringung zu konzentrieren, wenn Sie Ihr Urlaubsbudget planen, aber es gibt noch viele andere Gelegenheiten, weniger auszugeben, sei es beim Essen, bei Touristenattraktionen oder der Hotelübernachtung vor dem Flug. Wie das geht? Suchen Sie im Internet nach Reiseveranstaltern oder suchen Sie in Google nach dem Namen Ihres

Ferienortes oder der Attraktion plus dem Wort „Gutscheine" oder „Coupons" und schauen Sie sich die Angebote an.

Machen Sie Urlaub – aber nicht so weit weg

Ich bin in meinem Leben schon viel gereist. Aber wissen Sie, die besten Urlaubserinnerungen habe ich an Ferienzeiten in meiner Heimat, in England. Wenn Sie Engländer sind und Kinder haben, empfehle ich Ihnen die unvergleichlich schönen Strände im Südwesten Englands. Alle die tropischen, palmenbewachsenen, schneeweißen Strände am anderen Ende der Erde haben außer der Sonne, auf die dort immer Verlass ist, wenig zu bieten. Schließen Sie die Augen, und es ist egal, wo Sie gerade sind – warum viel Geld dafür bezahlen, weiter weg zu sein, als es unbedingt notwendig ist? Die Strände von Cornwall – wie übrigens auch die von Wales, Irland und anderen Teilen Großbritanniens – bieten gute Möglichkeiten zum Sonnenbaden, zum Surfen. Es gibt Felsen mit Teichen zu entdecken, Höhlen, Sand und Flüsse zum Dämmebauen – das ideale Feriendomizil für Ihre Kinder.

Auch wenn Sie keine Kinder haben, bin ich mir sicher, dass es nicht weit von Ihrem Zuhause entfernt faszinierende Orte zu entdecken gibt. Sie können durch die Hügellandschaft wandern, auf den Flüssen paddeln und die Städte mit ihren Kulturschätzen besichtigen. Da gibt es landschaftlich herrliche Zugstrecken, faszinierende historische Stätten, Gourmet-Restaurants, großartige Musicals und Theaterabende, eindrucksvolle Parkanlagen und spannende Themenparks. Holen Sie sich eine Landkarte und sehen Sie selbst, wie viele interessante Sehenswürdigkeiten es allein in Ihrer Nähe gibt, die Sie noch gar nicht kennen. Kommen Sie, legen Sie los – es gibt so viel zu sehen, jetzt ist die richtige Zeit dazu.

Ich will damit nicht sagen, Sie sollten nie mehr ins Ausland fahren. Ich möchte nur sagen, wenn Sie gerade knapp bei Kasse sind, ist das eine gute Gelegenheit, endlich einmal all die Sehenswürdigkeiten in Ihrer Nähe zu sehen und all das zu tun, was Sie schon so lange sehen und tun wollten. Auch in Sachen Urlaub muss Ihr Glas nicht halbleer sein – es ist halbvoll.

Für diejenigen unter uns, die in Großbritannien leben, muss ich noch ein Wort über unser britisches Wetter sagen. Stimmt, es ist unberechenbar – das macht seinen Charme aus. Aber viele unserer Urlaubs-Highlights hängen nicht vom Wetter ab. Wie sagte doch meine Mutter immer, wenn es an einem Urlaubstag regnete: „Wie schön! Heute haben wir den Strand mal ganz für uns."

Arbeiten Sie, um zu leben

Wenn Sie es sich nicht leisten können, in den Urlaub zu fahren, machen Sie einfach kostenlosen Urlaub. Wenn Sie Ihren Lebensunterhalt verdienen können, gibt es viele günstige oder gar kostenlose Möglichkeiten Urlaub zu machen. Natürlich haben Sie weniger freie Zeit und weniger Möglichkeiten, wohin Sie fahren können. Aber das ist für viele Menschen gar nicht das, worauf es ihnen ankommt. Solange Sie etwas tun können, was Ihnen Spaß macht und neue Leute kennenlernen können, werden Sie sich garantiert gut erholen. Und selbst wenn es sich nicht als der schönste Urlaub herausstellt, den Sie jemals hatten – na ja, dann hat er Sie wenigstens nicht viel gekostet.

Wenn Sie ein Naturliebhaber und Landmensch sind, haben Sie als freiwilliger Helfer auf dem Land jede Menge Betätigungsfelder. Sie können tagelang Pferde striegeln oder Hecken schneiden und Zäume bauen helfen – nichts für jedermann, aber manche mögen es, und sie lernen viel dabei.

Es gibt auch noch andere Möglichkeiten, Arbeit und Ferien miteinander zu verbinden. Wenn Sie etwas im Ausland tun wollen, zum Beispiel Trauben ernten oder Unterricht geben, kann es allerdings sein, dass Sie nicht mehr allzu viel von dem fremden Land sehen, wenn Ihre Arbeit dort beendet ist. Aber wenn Sie Ihr Geld verdient haben, können Sie so lange bleiben, wie Sie wollen. Sie haben es sich verdient.

Meiden Sie Währungsfallen

Wenn Sie im Ausland Urlaub machen wollen, müssen Sie meist zu Beginn einen Betrag in die dortige Landeswährung tauschen. Dabei bekommen Sie nicht nur des Öfteren einen miserablen Wechselkurs angeboten, sondern Sie bekommen beim Rückumtausch in Ihre eigene Währung einen viel schlechteren Wechselkurs. Hier sind ein paar Anregungen, wie Sie dieses Wechselkursrisiko verringern können:

- *Den besten Wechselkurs bekommen Sie im Allgemeinen online – bestimmt nicht im Flughafen.*
- *Kaufen Sie nicht mehr Fremdwährung, als Sie brauchen.* Selbst wenn Sie einen Handel abschließen, bei dem der Rückkauf provisionsfrei ist, bekommen Sie einen schlechteren Umtauschkurs. Es kann sogar unter Umständen sein, dass Sie mit einer Provision besser fahren. Am besten ist es, Sie haben am Ende des Urlaubs keine ausländische Währung mehr übrig. Es ist manchmal

schwer, dies genau zu erreichen, aber je näher Sie hinkommen, umso besser ist es.
- Auf *Reiseschecks (Traveller-Schecks)* müssen Sie eine Umtauschgebühr entrichten.
- *Bargeld mitzunehmen ist meist die billigste Lösung, aber nicht unbedingt die sicherste.* Wenn Sie allerdings in einem Hotel mit Safe übernachten, sind Sie normalerweise auf der sicheren Seite.
- *Sie können auch im Ausland Geld am Automaten ziehen.* Fragen Sie zuvor Ihren Kreditkartenaussteller, wie viel Sie der Spaß kostet, sowohl in Form von Transaktionsgebühren als auch als „Währungsaufschlag". So können Sie herausfinden, wie Sie am günstigsten an Fremdwährung kommen.

Bringen Sie Ihre Kinder dazu mitzumachen

Stromrechnungen sind ein Teil Ihrer Haushaltskosten, und kein geringer. Also sollten Sie Ihr Möglichstes tun, um diesen Posten gering zu halten. Aber wenn Sie Kinder haben, werden Sie feststellen, dass sie Ihre Bemühungen zunichtemachen, indem sie überall im Haus das Licht an lassen, den Fernseher stets auf Stand-by lassen und den Computer die ganze Zeit über laufen lassen. Warum sollten sie sich auch darum kümmern? Sie müssen die Rechnung ja nicht bezahlen.

Motivieren Sie sie, mitzumachen. Wenn sie etwas davon haben, werden sie sich viel eher Mühe geben, weniger Strom zu verbrauchen. Versuchen Sie es so: Wenn Ihre Kinder Ihnen dabei helfen können, dass Ihre Stromrechnung diesmal niedriger ausfällt als die letzte, teilen Sie das gesparte Geld mit ihnen. Ein geldwerter Anreiz. Es hat keinen Sinn, ihnen alles zu geben, was Sie eingespart haben, sonst sind Sie wieder da, wo Sie angefangen haben. Nehmen wir an, sie haben Ihnen geholfen, zehn Euro pro Monat einzusparen. Sie könnten jedem Ihrer Kinder zehn Prozent davon auszahlen. Das wäre ein Euro pro Kind, und Sie wären alle zufrieden.[19]

Alternativ können Sie auch einen Wettbewerb ausloben und das Geld demjenigen Kind geben, das sich besonders bemüht hat, nicht benötigte Geräte auszuschalten. Aber Sie müssen sich sicher sein, dass Sie gerecht entscheiden – wenn nicht, wird der Streit bald so hitzig sein, dass Sie sich die Heizkosten sparen können. Nun, das wäre dann ja auch eine Idee ...

---

19) Es sei denn, Sie haben zehn oder mehr Kinder.

Denken Sie gut über Versicherungen nach

Schliessen Sie immer Versicherungen und Garantiebriefe ab, wenn Sie Waschmaschinen, Reisen oder Tiere kaufen? Oder vielleicht nie? Bitte, nicht so schnell, Sie sollten sich die Zeit nehmen, gut darüber nachzudenken.

Warum wollen Versicherungsgesellschaften, dass Sie ihre Versicherungen kaufen? Wenn sie damit rechnen müssten, mehr an Sie auszahlen zu müssen, als sie von Ihnen in Form von Raten bekommen, würden sie es Ihnen erst gar nicht anbieten, nicht wahr? Also rechnen sie wohl damit, dass sie im Durchschnitt weniger ausbezahlen müssen, als sie einnehmen. In diesem Falle kann es leicht sein, dass Sie mehr für die Versicherung bezahlen müssen als für den eigentlichen Schaden. Natürlich ist das Ganze ein Spiel, aber in diesem Fall geht es zu Ihren Gunsten aus, wenn Sie die Versicherung nicht abschließen.

Halt, nicht so schnell. Da ist noch etwas, was Sie berücksichtigen sollten. Was ist der schlimmste Fall, der eintreten könnte? Wenn Sie den Versicherungsschutz nicht erwerben, wenn es unglücklich ausgeht und Sie die Reparatur oder den Neukauf, die Rechnungen oder die entgangene Reise aus eigener Tasche bezahlen müssen, können Sie sich das überhaupt leisten? Oder könnten Sie diesen Betrag zur Not verschmerzen? Wenn Ihr Auto-Schaden Sie mehrere hundert Euro kostet, sollten Sie vielleicht doch den Garantiebrief nehmen, um ruhiger schlafen zu können, auch dann, wenn Sie wissen, dass er Sie langfristig mehr kostet. Wenn Ihr Geschirrspüler Sie allerdings nur 150 Euro kosten würde und Sie notfalls sowieso auch ohne ihn ganz gut zurechtkämen, wären Sie vielleicht gut beraten, die Versicherung nicht abzuschließen.

Es gibt bei dieser Frage kein Richtig und kein Falsch. Der Trick besteht darin zu erkennen, dass eine Versicherung Sie möglicherweise mehr kosten könnte, als keine zu haben, und sich zu überlegen, ob Sie auch dann noch zurechtkommen, wenn das verdammte Ding plötzlich den Geist aufgibt.

Prüfen Sie Ihre Kontoauszüge

Wann haben Sie das letzte Mal gründlich Ihre Kontoauszüge angesehen? Ich hoffe für Sie, es ist nicht allzu lange her. Was ist mit Ihren Daueraufträgen und Einzugsermächtigungen? Eventuell werden Sie feststellen, dass Sie schon lange für Dinge bezahlen, die Sie gar nicht (mehr) brauchen.

Vielleicht haben Sie schon jahrelang ein paar Zeitschriften abonniert oder Mitgliedschaften in Vereinen abgeschlossen, die sich inzwischen nicht mehr lohnen? Brauchen Sie immer noch Monat für Monat die Zeitschrift *Das Boot*? Sind Sie sicher, dass Sie noch Greenpeace-Mitglied bleiben wollen?

Andere Dinge können langfristig gesehen sinnvoll sein, aber im Moment könnten Sie Ihre Zahlungen verringern, weil Sie klamm sind. Da ist zum Beispiel die private Rentenversicherung. Können Sie die Zahlungen aussetzen? Oder haben Sie eine Geldanlage abgeschlossen, die Sie „einfrieren" oder zur Auszahlung bringen könnten? Oder führen Sie, vielleicht noch von früher her, ein unnötiges Bankkonto?

Sehen Sie sich all Ihre Ausgabeposten gut an. Hinterfragen Sie jeden einzelnen Posten. Stecken Sie nicht den Kopf in den Sand, oder das Chaos [20] holt Sie früher oder später ein und macht Ihnen nur noch mehr Ärger. Vielleicht lautet die Antwort ja in vielen Fällen, die Ausgaben weiterhin laufen zu lassen, aber nehmen Sie es nicht als selbstverständlich hin.

20) Nein, nicht der Sand ...

Halten Sie nach dem besten Angebot Ausschau

Trägheit kostet viel, viel Geld. Es ist viel einfacher, nichts zu tun als zu handeln. Oft sind die Rechnungen, die in einem normalen Haushalt so ins Haus flattern, nichts als die stummen Zeugen Ihrer eigenen Trägheit.

Es lohnt sich wirklich, immer nach günstigen Angeboten Ausschau zu halten – egal, ob es um den digitalen Fernseher, Telefon, Gas, Strom, die Hypothek aufs Haus, um Kredite oder Versicherungen geht. Fast immer wird Ihnen eine andere Gesellschaft ein besseres Angebot machen, als Sie derzeit bekommen, allein schon deshalb, um Sie als Neukunden zu gewinnen.

Überwinden Sie Ihre Trägheit – das ist das Schwierigste daran. Es klingt nicht gerade spannend, wenn man einen halben Tag mit dem Vergleichen von Stromtarifen im Internet und am Telefon zubringen muss, aber ich sage Ihnen, es lohnt sich! Mein Tipp: Legen Sie ein Datum fest, wann Sie es tun wollen und verschieben Sie es nicht. Wenn Sie online sind (es gibt ein paar sehr nützliche Webseiten), können Sie es abends nach der Arbeit erledigen. Also, tragen Sie einen Abend in der nächsten Woche in Ihr Tagebuch ein. Warum machen Sie es nicht schon diese Woche und sparen noch mehr Geld?

Wenn es ums Haus und um die Autoversicherung geht, suchen Sie eine Makler-Website oder eine Preisvergleich-Website – die suchen regelmäßig Jahr für Jahr, wenn die Tarifzeit endet, nach neuen guten Abschlüssen, und Sie sehen, ob Sie nicht einen günstigeren Tarif kriegen können, wenn Sie wechseln.

Früher oder später werden Sie ganz schön Geld sparen, wenn Sie erneut wechseln. Prüfen Sie die Wettbewerber und ihre Angebote für Neukunden und Sie werden herausfinden, dass sich ein Wechsel häufig auszahlt.

Schalten Sie Geräte aus

Eine der einfachsten Möglichkeiten, bei Strom und Heizkosten Geld zu sparen, ist, abzuschalten und nichts mehr zu verbrauchen. Nun ja, nicht gar nichts mehr, aber Sie schaffen es bestimmt, die Apparate weniger lange laufen zu lassen.

Ich beobachte jedes Jahr im Herbst, wie lange ich es aushalte, bevor ich zum ersten Mal die Heizung aufdrehe. Natürlich hängt das vom Wetter ab, aber hier im Südwesten Englands, wo ich wohne, halte ich es oft noch bis zum 1. November aus. Irgendwie fällt es mir im Frühling viel schwerer, sie wieder abzudrehen; meist tue ich es um den 1. April. Jedenfalls lasse ich die Heizung zu Beginn und am Ende des Winters immer nur ein paar Stunden am Tag eingeschaltet. Das genügt um diese Jahreszeit noch, und man gewöhnt sich so besser an frostige Morgen und knackiges Herbstlaub.

Auch das Licht-Ausschalten klingt ganz einfach, aber wir müssen es uns regelrecht angewöhnen. Vielleicht ist es leichter, sich daran zu gewöhnen, Licht gar nicht erst einzuschalten.

Beobachten Sie mal, wie lange es am Tag noch hell genug ist, dass man noch etwas sieht, auch ohne das Licht anzuschalten.

Da wir gerade von Licht reden – die neuen Energiesparlampen machen einen großen Unterschied. Nicht nur, weil man weniger Strom bezahlen muss, sondern obendrein, weil sie so lange halten. Ich weiß auch, dass sie in der Anschaffung teurer sind, aber wenn Sie erst einmal genügend Lampen erneuert haben (es muss ja nicht alles im Haus auf einmal sein), machen sie sich schon bezahlt.

Heizen Sie nicht, was Sie nicht brauchen

Das Problem bei einer Zentralheizung ist, dass sie nicht nur die Räume heizt, in denen Sie und Ihre Familie sich aufhalten, sondern auch die anderen Räume. Okay, vielleicht lassen Sie den Heizkörper im zusätzlichen Raum ausgeschaltet (wenn Sie einen haben), aber niemand nimmt sich die Zeit oder denkt daran, alle paar Stunden durchs Haus zu laufen und die Heizkörper an- und auszudrehen, je nachdem, wer gerade im Haus ist und wo.

Viel günstiger ist es, nur den Raum zu beheizen, in dem Sie sich aufhalten. Lassen Sie also die Zentralheizung aus, wann immer Sie können und verwenden Sie stattdessen lieber elektrische Heizgeräte. Die werden Sie ausmachen, wenn Sie ein Zimmer verlassen; sie sind also günstiger als die Zentralheizung, auch wenn sie eigentlich teurer sind. Natürlich führt das dazu, dass die ganze Familie sich in einem warmen Zimmer versammelt, aber das kann ja auch ganz gemütlich, warm und nett sein.

Je nachdem, wo Sie wohnen, werden Sie feststellen, dass ein Holzofen noch praktischer ist – besonders dann, wenn Sie kostenlosen Zugang zu Holz aus dem Wald haben, entweder zu Ihrem eigenen Holz oder dem Ihres freundlichen Nachbarn. Sofern es keine Auflagen in Sachen Rauchentwicklung gibt, können Sie durch einen Holzofen ein Vermögen sparen.

Stellen Sie es ab

Wissen Sie eigentlich genau, wie heiß das heiße Wasser bei Ihnen ist? Vermutlich nicht. Doch, tatsächlich? Nanu, haben Sie nichts Besseres zu tun, als Ihre Haushaltsgeräte regelmäßig zu überprüfen? Tun Sie etwas Sinnvolleres!

Nun, egal ob Sie wissen, wie heiß Ihr Wasser eingestellt ist, warum drehen Sie es nicht um ein oder zwei Grad herunter? Gehen Sie gleich. Wir reden weiter, wenn Sie es erledigt haben.

Gut gemacht. So können Sie sofort Geld sparen. Drehen Sie es aber nicht zu weit herunter, sonst brauchen Sie beim Baden, Duschen oder Abwaschen kein kaltes Wasser mehr zuzugeben, und das wäre kontraproduktiv. Obwohl es lächerlich klingt – Kleinvieh macht auch Mist, und für das Gesparte können Sie sich schon bald einen schönen warmen Pullover kaufen.

Sparen Sie Wasser

Wenn Ihr Wasserverbrauch gemessen wird, können Sie ordentlich sparen, indem Sie sich darum bemühen, weniger Wasser zu verbrauchen. Auch das ist nur eine Gewohnheitssache. Ich habe Jahre gebraucht, bis ich es schaffte, mir anzugewöhnen, beim Zähneputzen den Hahn abzudrehen – aus unerfindlichen Gründen hatte man mir das als Kind schon nicht beigebracht. Aber jetzt habe ich es, glaube ich, geschafft. Mein Problem war nicht, dass ich dachte, der Wasserhahn müsse aufgedreht sein – was er ja offensichtlich nicht sein muss –, sondern nur, dass ich regelmäßig vergaß ihn abzustellen. Jetzt jedoch habe ich einen Punkt erreicht, wo ich ihn instinktiv abstelle. An diesen Punkt sollten wir alle kommen – wir könnten so viel Wasser (und Strom) sparen.

Manchmal kann es ganz hilfreich sein, etwas anders zu machen – etwa eine andere Zahnpasta zu benutzen oder sich die Zähne an der Küchenspüle zu putzen, anstatt am Waschbecken im Bad –, nur um sich daran zu erinnern, bewusst an etwas Bestimmtes zu denken. Versuchen Sie einen Trick zu finden, daran zu denken, die Badewanne weniger voll zu machen oder den Stöpsel in die Küchenspülwanne zu stecken, damit sie volllaufen kann und Sie nicht unter fließendem Wasser abspülen (o je, ich geb's zu, ein weiterer Fehler von mir).

Außerdem gibt es viele praktische Strategien, wie einen Ziegelstein in die Klo-Zisterne zu tun, gebrauchtes Trinkwasser aus Spüle und Bad zur Klospülung zu verwenden, Regenwasser zur Bewässerung des Gartens zu verwenden und so weiter.

Falls Sie keinen Wasserzähler besitzen, wenden Sie alle diese Praktiken an, und wenn Sie es besser machen wollen als ich, bitten Sie Ihr Wasserwerk, Ihnen einen eigenen Wasserzähler zu montieren.

Sparen Sie Benzin

Benzin ist heutzutage bekanntlich einer der größten Kostenfaktoren überhaupt, besonders wenn Sie viel mit dem Auto fahren müssen. Was können Sie dagegen tun? Nun, Sie können erst einmal dafür sorgen, dass Sie ein möglichst sparsames Auto fahren. Aber es gibt noch viele andere kreative Möglichkeiten, Treibstoff zu sparen, nämlich:

- *Legen Sie Ihre Fahrten und Fahrtwege zusammen.* Warum erst nach Hause fahren, wenn Sie die Kinder zur Schule gebracht haben und später einkaufen fahren? Wenn Ihr Haus nicht gerade auf dem Weg liegt, ist es sinnvoller, die Einkäufe auf der Heimfahrt zu erledigen. Dasselbe gilt natürlich auch für sämtliche andere Fahrtwege. Sie können auf dem Heimweg von der Arbeit bei Ihrem Freund vorbeischauen, um die Jacke mitzunehmen, die Sie dort liegengelassen haben, anstatt später noch mal hinzufahren ... und so weiter.
- *Fahren Sie nur die halbe Strecke und gehen Sie den Rest zu Fuß.* Wenn Sie nicht den ganzen Weg fahren können –

vielleicht sind die Läden, das Büro oder die Schule zu weit weg –, fahren Sie nur einen Teil des Weges. Wenn es eine Strecke ist, die Sie werktags täglich fahren müssen, sparen Sie 800 Kilometer im Jahr, wenn Sie eine Viertelstunde zu Fuß gehen. Das ist schon eine Menge Benzin. Und wenn Sie noch mehr zu Fuß zurücklegen, können Sie nicht nur noch mehr sparen, sondern tun auch noch etwas für Ihre Fitness.
- *Bilden Sie Fahrgemeinschaften zur Arbeit, zur Schule oder zu Freizeitaktivitäten.* Auf diese Weise helfen Sie auch Ihren Freunden Geld zu sparen.

Das ist schon mal ein guter Anfang. Wenn Sie Ihr Gehirn erst in Schwung bringen [21], kommen Sie bestimmt auf viele weitere Anregungen, Fahrtwege zu kombinieren, Ihr Auto weniger zu nutzen und einen Teil des Benzingeldes für andere Zwecke frei zu bekommen. Auch hier ist es so: Wenn Sie sich erst an die neue Art zu denken gewöhnt haben, macht es Ihnen bald keine Mühe mehr, es weiterhin durchzuziehen.

21) Ha, ha!

Sparen Sie Telefonkosten

Wir haben heutzutage so viel modernen technischen Schnickschnack. Manche Dinge können Ihnen aber auch dabei helfen, Ihre Ausgaben zu decken. Eine der besten neuen Techniken, was das anbelangt, ist VOIP (Voice Over Internet Protocol), oft besser bekannt unter dem Namen Skype, obwohl Skype nur eine von vielen Anwendungen dieser Technik ist. Das Prinzip ist: Sie können mit einer anderen Person kostenlos über Internet telefonieren, wenn die andere Person auch Skype hat – ein Kopfhörer mit Mikrofon (Headset) ist alles, was Sie dazu brauchen und was Sie sich anschaffen müssen. Und es kostet Sie die Mühe, all Ihre Freunde und Verwandten davon zu überzeugen, sich ebenfalls bei Skype anzumelden. Wenn Sie Verwandte im Ausland haben, kann Ihnen die Methode viele hundert Euro an Telefonkosten sparen, aber nicht nur das – Sie sparen auch eine Menge, wenn Sie einmal wöchentlich Ihre Schwester oder Ihre beste Freundin anrufen, die ein paar hundert Kilometer entfernt wohnen.

Was das Telefonieren anbelangt, muss ich feststellen, dass Mobiltelefone wahre Kostenfresser sind. Wenn Sie zu den Zeitgenossen gehören, die nur zu gern mit ihrem Handy telefonieren, nehmen Sie immer ein Prepaid-Handy (mit festem, vorher zu entrichtendem Betrag), setzen Sie sich ein festes Budget und halten Sie sich daran. Sehen Sie zu, dass Sie jede Woche oder jeden Monat weniger Geld vertelefonieren als im Zeitraum zuvor – das dürfte Ihnen Herausforderung genug sein, Ihre Anrufe einzuschränken. Oder machen Sie einen Wettbewerb mit Ihrer Partnerin draus, wer von Ihnen beiden es schafft, am wenigsten fürs Telefonieren auszugeben (aber keinen Streit, bitte, ja?).

Machen Sie ihr eigenes Ding

Eine Freundin hat mir erzählt, sie spare jetzt Monat für Monat 153 Euro, weil sie ihre Putzfrau entlassen habe. Nun, die Putzfrau, die anscheinend im Monat 153 Euro gekostet hat, tut mir leid, aber ich hoffe, sie hat ziemlich schnell einen anderen Job gefunden – gute Reinigungskräfte finden für gewöhnlich schnell wieder eine neue Stelle.

Jedenfalls sind 153 Euro eine Menge Geld, und selbst wenn Sie nur die Stunden Ihrer Putzfrau kürzen und mehr selber machen, können Sie schon viel sparen. Vielleicht haben Sie gar keine Putzfrau, aber dafür vielleicht eine andere Person, die Sie für ihre Dienste bezahlen müssen, welche Sie aber auch selbst erledigen könnten? Was ist mit Fensterputzen, Wäsche bügeln, Rasen mähen. Haare schneiden? Na ja, vielleicht wollen Sie nicht gerade Ihren besten Freund an Ihre kostbaren Locken lassen, aber Sie haben mich schon verstanden.

Natürlich müssen jetzt Sie die Arbeit machen. Vielleicht können Sie sie mit Ihrer Familie aufteilen, auch die Kinder daran beteiligen, falls Sie welche haben (wenn nicht, ist es auch nicht so schlimm, dann haben Sie auch erheblich weniger zu putzen). Sie können Ihren Kindern auch etwas dafür bezahlen (natürlich viel weniger als Ihrer Putzfrau). Oder Sie und Ihre beste Freundin putzen miteinander Ihre beiden Häuser – zu zweit oder zu mehreren macht es mehr Spaß. Oder Sie vergessen all das einfach, krempeln die Ärmel hoch und legen los.

Machen Sie es selbst

Eine der frustrierendsten finanziellen Erfahrungen ist, wenn im Haus irgendetwas kaputtgeht. Es ist doppelt ärgerlich – zum einen, weil es keinen Spaß macht, Geld für Reparaturen ausgeben zu müssen (im Gegensatz zu Klamotten kaufen, gutem Essen oder Ausgehen), zum anderen, weil man, sobald der Schaden behoben ist, alles wieder als selbstverständlich ansieht.

Eine ganz hervorragende Lösung wäre es, wenn Sie Ihre Fähigkeiten als Heimwerker entdecken und verbessern könnten. Sie wollen doch nicht gerne jemand anderen für eine Aufgabe bezahlen, die Sie auch gut selbst erledigen könnten, oder?

Hier sind ein paar Tipps, die Ihnen helfen, Ihre Handwerkerkosten niedrig zu halten:

- *Machen Sie es sich zur Regel, Dinge sofort anzupacken, wenn etwas schief läuft, anstatt zu warten, bis sie ganz kaputt sind. Das ist im Allgemeinen wesentlich billiger.*

- *Vorbeugen ist besser als Heilen* – prüfen Sie Gegenstände wie Dachrinnen, Motorenöl beim Auto, Wasser und so weiter, bevor Probleme auftreten.
- *Behalten Sie alle Alt-Teile*, Teile der Verpackung und Zubehör – man weiß nie, wann und wozu man als Heimwerker solche Sachen mal wieder braucht.

Basteln Sie Geschenke

KLINGT SCHRECKLICH, NICHT WAHR? So richtig nach Bastler und Heimwerker. Da kommen mir gleich Bilder hoch von einem, der am Küchentisch sitzt, inmitten von Filz, farbiger Pappe und Leim – als hätten wir nichts Besseres zu tun. Ich für meinen Teil kann Ihnen sagen: Wenn das dazugehört, dann lasse ich lieber die Finger davon. [22]

Überlegen Sie sich, was Sie gut können und verschenken Sie „Produkte", die Sie wirklich gut drauf haben, keine mittelmäßigen Ladenhüter. Wenn Sie gut kochen oder backen können, wunderbar – machen und verschenken Sie Obstkuchen, Kekse, Toffees und Plätzchen. Damit sind Sie auf der Siegerseite. Oder sind Sie ein talentierter Hobby-Gärtner? Fangen Sie schon im Frühjahr an und topfen Sie ein paar Setzlinge ein oder pflanzen Sie ein paar Blumenzwiebeln in einen Topf. Der Trick bei solchen Geschenken ist, sie möglichst attraktiv zu gestalten – ein hübsches buntes Band hier, eine wohl überlegte Schleife da –, so dass es alles in allem einen besonderen, persönlichen Eindruck macht.

Wenn Sie weder gut kochen noch gärtnern können, können Sie auch etwas anderes verschenken. Wie wäre es mit Dienstleistungen und Hilfestellungen, die Ihre Zeit kosten, wie anderer Leute Hund ausführen oder ihr Auto waschen? Oder jemandem ein paar nützliche Programme auf seinen PC herunterladen, auf die derjenige niemals selbst gekommen wäre? Oder Sie verpacken ein paar Kleinigkeiten in einen Präsentkorb oder eine attraktive Box, schön mit Stroh oder buntem Geschenkpapier verpackt. Die Pointe ist, dass Sie damit anderen auch mit einem kleinen Budget eine große Freude bereiten können.

Wie auch immer Sie's machen – Sie können Dinge herstellen, die unter die Kategorie „selbst gemacht" fallen und sehr gut ankommen und Sie viel weniger Geld kosten, als Sie in irgendeinem Laden ausgegeben hätten. Und das Ganze macht auch noch richtig Spaß.

---

22) Falls Sie ein begeisterter Hobby-Bastler und Heimwerker sind, seien Sie jetzt bitte nicht beleidigt – und schreiben Sie mir keine empörten Briefe. Aber es ist eine Geschmacksfrage. Und wenn Sie das Zeug gesehen hätten, das ich gebastelt habe, das hätten Sie garantiert nicht geschenkt haben wollen.

Überreden Sie Ihre Kinder, Geschenke zu basteln

Nehmen wir einmal an, Sie hätten den letzten Tipp gelesen und sich dabei gedacht: „Schön und gut, aber so bin ich nun mal nicht. Ich würde niemals jemandem zu Weihnachten oder zum Geburtstag etwas Selbstgemachtes schenken." Oder Sie haben nur wenig Zeit zur Verfügung. Wenn Sie Kinder haben, können Sie die Idee so abwandeln, dass Sie ihretwegen nicht noch mehr ausgeben müssen. Bei Jugendlichen können Sie darauf bestehen, dass sie ihr eigenes Geld für ihre Geschenke ausgeben, aber bei Kindern geht das noch nicht.

Natürlich können Sie sich an dieser Stelle auf Filz und bunte Pappe zurückbesinnen. Das Problem ist nur: Die Empfänger des Geschenkes freuen sich zwar über die Kreativität Ihrer Kinder, schätzen das Geschenk darüber hinaus aber nicht wirklich. Wenn Ihr Kind ein kleiner Künstler ist, ist das etwas anderes, aber bei den meisten Kindern funktioniert es so nicht.

Der beste Ansatz ist irgendetwas zum Essen. Ihre Kinder werden begeistert beim Kochen und Backen mitwirken, und zu Weihnachten können Sie etwas zaubern, das Sie schon rechtzeitig vorbereiten und dann einfrieren können, sodass Sie Ihre eigenen kulinarischen Festtagsvorbereitungen (Truthahn füllen, Hackfleischpastete backen) nicht ausfallen lassen müssen. Wenn Sie noch recht kleine Kinder haben, machen Sie die Speisen lieber selbst und bitten Sie Ihre Kinder, sie anschließend bunt zu dekorieren. Das bringt Ruhe ins Getümmel und Ihre Kinder werden glücklich sein, glauben Sie mir. Es ist ja nicht so wichtig, wie professionell der farbige Zuckerguss oder die Dekoration aussieht; was zählt, ist, dass die Speisen an sich gut gemacht sind.

Welcher Verwandte würde sich nicht über eine Dose voller Plätzchen freuen, die der kleine Johnny bunt verziert hat oder über Trüffelpralinen, die die kleine Millie mit der Hand in Puderzucker und Kakao gewälzt hat? Passen Sie nur bei den Karamellbonbons auf, dass Omas Gebiss nicht kaputtgeht ...

Vereinbaren Sie ein Budget

Es ist nicht leicht, sich festzulegen, wie viel man für andere Menschen, die einem am Herzen liegen, auszugeben bereit ist. Sie werden Ihre Geldmittel nicht überstrapazieren wollen, aber andererseits auch nicht geizig oder knauserig erscheinen wollen (ich kenne ein paar Menschen, denen Letzteres ziemlich egal ist, aber ich nehme an, wenn Sie einer von ihnen wären, würden Sie dieses Buch gar nicht lesen).

Das Einfachste, was Sie in diesem Fall tun können, ist, mit Ihren Lieben ein Budget zu vereinbaren, besonders zu Weihnachten, wenn jeder jedem etwas schenkt – wenn sie sehr gut organisiert sind, schon Monate vor dem Fest, wenn nicht, reicht es ein paar Tage oder Wochen zuvor. Die meisten Menschen werden im Prinzip nichts gegen Ihren Vorschlag einzuwenden haben, aber wenn Sie ihn gemacht haben, sagen: „Das ist eine gute Idee. An welches Budget hast Du denn gedacht?" Bereiten Sie sich darauf vor, auf diese Frage vernünftig zu antworten. Sie wollen doch weder kleinkariert noch zu großzügig wirken.

Natürlich könnten Sie zuvor ein paar enge Freunde oder Angehörige fragen, was ihrer Meinung nach eine vernünftige Größenordnung für ein Geschenk wäre. Nehmen Sie welche, denen Sie Geschenke in derselben Preislage machen möchten. Welche Zahl sie Ihnen auch nennen (vorausgesetzt, Sie können es sich überhaupt leisten), antworten Sie einfach: „Ja, so etwa hatte ich mir das auch vorgestellt. Wollen wir zwei das untereinander auch so machen?"

Machen Sie eine Familienverlosung

Falls Ihre übrigen Angehörigen ebenfalls knapp bei Kasse sind – oder wenig Zeit haben –, wäre dieser Vorschlag vielleicht das Richtige für Sie. Legen Sie Zettel mit dem Namen der Mitglieder Ihrer Familie in einen Hut; anschließend zieht jedes Familienmitglied einen Namen und kauft der betreffenden Person ein Geschenk. So kann es passieren, dass Mama ein Geschenk für ihre Schwiegertochter besorgt, diese wiederum eines für Opa – und so weiter.

Natürlich können Sie dieses Spiel variieren, wie Sie wollen. Sie können zum Beispiel paarweise schenken und Geschenke entgegennehmen und nicht als Einzelpersonen, wenn Ihnen das lieber ist. Ich persönlich würde auch die Kinder dabei außen vor lassen – ich weiß, wie ich mich als Kind gefühlt hätte, wenn man mir gesagt hätte, ich bekäme nur ein einziges Geschenk von meiner ganzen großen Familie. Wenn Sie die Kinder schon mit einschließen, müssen Sie mit einer entsprechenden

Reaktion ihrerseits rechnen. Und das, finde ich, ist kein eingespartes Geld wert.

Verwenden Sie billiges Einwickelpapier

Nein, ich meine nicht dieses ultradünne, schreiend aufdringliche Zeug, das sofort reißt, wenn man es auch nur scharf ansieht. Schrecklich! Nein, ich meine nur, suchen Sie nach Einwickelpapier, das nicht zu teuer ist. Früher habe ich alle meine Geschenke in Zeitungspapier eingepackt (in die Financial Times natürlich, was sonst?) oder in Packpapier oder sogar in bunten Stoff, was sowieso die bequemste und sicherste Art und Weise ist, unförmige Dinge wie Tischlampen, Vasen oder Kettensägen zu verpacken.

Nun, wo Sie ordentlich Geld beim Geschenkpapier gespart haben, können Sie es sich leisten, Ihr Geschenk mit ein paar bunten Bändern oder Schleifen zu garnieren. Oder kleben Sie ein paar goldene Sterne drauf oder so. Oder binden Sie die Päckchen mit farbiger Wolle zusammen (das ist viel billiger als Bänder). Auf geht's, werden Sie kreativ und haben Sie Spaß dabei.

Wenn Sie die Sachen in Stoffe einwickeln, können Sie entweder billigen Kaliko-Stoff am laufenden Meter kaufen (was viel billiger ist als Geschenkpapier) oder gebrauchtes Geschenkpapier verwenden oder etwas Ähnliches.

Sehen Sie? Sie haben viele Möglichkeiten. Ich bin mir sicher, Sie finden etwas, was Ihrem Geschmack entspricht. Sie müssen nur ein bisschen darüber nachdenken.

Trimmen Sie Ihr Weihnachten

Wenn Weihnachten Ihnen trotz aller selbst gebastelten Geschenke und Verpackungen zu kostspielig wird, müssen Sie daran arbeiten, Ihre Kosten gering zu halten. Am einfachsten tun Sie das, indem Sie die Liste derer reduzieren, die Sie beschenken oder denen Sie Weihnachtskarten schicken möchten.

Natürlich können Sie im Geist schon mal jeden streichen, der Sie dieses Jahr geärgert hat. Ihre Schwester hatte Ihnen versprochen, sich an einem bestimmten Wochenende um Ihre Kinder zu kümmern und hat Sie dann plötzlich im Stich gelassen? Streichen. Der liebe Johnny hat Sie dieses Jahr nur genervt? Okay, dann kriegt er eben diesmal kein Geschenk. Vielleicht lernt er so was daraus.

Allerdings muss ich zugeben, diese Methode verbreitet nicht gerade Fröhlichkeit und passt nicht so recht zu dieser besinnlichen Jahreszeit. Es gibt bessere Methoden. Hier habe ich ein paar Ideen für Sie:

- *Denken Sie darüber nach, wer in Ihrer Umgebung knapp bei Kasse ist wie Sie* – oder sogar noch mehr – und schlagen Sie dem- oder derjenigen vor, dieses Jahr die Geschenke ausfallen zu lassen. Glauben Sie mir, sie werden Ihnen dankbar sein.
- *Vereinbaren Sie eine Regel im Familienkreis*, dass Sie aufhören, alle Enkelkinder, Nichten und Neffen zu beschenken, sobald sie das 18. Lebensjahr vollendet haben. Wenn der oder die Älteste schon 25 Jahre alt ist, dann eben ab 25.
- *Machen Sie es sich zur Regel, Karten nur an die Leute zu verschicken, die Sie in den Weihnachtstagen nicht sehen.*
- *Verschicken Sie elektronische Geschenkkarten* anstelle von Postkarten – das spart Portokosten.

So. Das sieht doch schon viel übersichtlicher aus, nicht wahr? Mit etwas kreativem Denken können Sie die Liste schon um einiges kürzer machen. Und das Praktische ist, dass Sie die Karten oder Weihnachtsgeschenke für diese Leute nie wieder einführen müssen. Sie sparen also auch in den nächsten Jahren mit dieser Methode Geld.

Kaufen Sie im Januar ein

Ich weiss, es klingt total verrückt. Es hat auch eine Zeitlang gedauert, bis es meiner Frau gelang, mich dazu zu überreden. Aber es stimmt – wenn Sie Geld sparen wollen, kaufen Sie Ihre Weihnachtsgeschenke am besten schon im Januar ein.

Sie werden sehen, es gibt im Januar fantastisch günstige Angebote für Weihnachtskarten und Geschenkpapier. Aber Sie bekommen auch andere Dinge günstiger, mit denen Sie Ihren Freunden und Angehörigen eine Riesenfreude machen können.

Schauen Sie sich das ganze Jahr über in Ruhe nach Geschenken um, auch im Winter- und im Sommerschlussverkauf, dann müssen Sie kurz vor Weihnachten nicht an diesem hektischen Einkaufsbummel teilnehmen und müssen nicht aus lauter Verzweiflung und Termindruck irgendetwas Überteuertes kaufen, von dem Sie nur vermuten können, dass Ihr Herr Papa, Ihre Schwägerin oder Ihre Großtante Gladys es vielleicht mögen.

Und weil wir gerade dabei sind – Sie können auch billig Geburtstagskarten erstehen, wann immer Sie gerade welche sehen. Warten Sie nicht bis kurz vor dem Geburtstag, um dann schnell „irgendwas" zu kaufen. Wenn Sie irgendwo Karten, die Ihnen gefallen, zum Sonderpreis sehen, kaufen Sie gleich ein Dutzend davon. Sie werden froh sein, wenn der nächste Geburtstag naht und Sie wissen, Sie haben bereits etwas Passendes im Haus. Wenn Sie Kinder haben, machen Sie es genauso mit den vielen kleinen Geschenken, die Ihre Kinder auf Partys ihren Freundinnen und Freunden mitbringen wollen. Ein kleines Lager netter kleiner Geschenke irgendwo hinten im Schrank – das ist nicht nur sehr praktisch, sondern es erspart Ihnen auch so manche Ausgabe, wenn Sie rechtzeitig clever eingekauft haben.

Versuchen Sie es mit einem Studenten

Was halten Sie von Meerschweinchen?[23] Und was von Versuchskaninchen? Es gibt viele Auszubildende, die jemanden brauchen, an dem sie Gelerntes üben können. Wenn Sie gern darauf eingehen, können Sie günstig oder sogar kostenlos Dienstleistungen oder Behandlungen erhalten. Das gilt für alle möglichen Dinge, von Schönheitstherapien über Massagen bis hin zur Frisur (wenn Sie mutig sind) und sogar zur Zahnbehandlung (wenn Sie sehr mutig sind).

Natürlich kann so eine Behandlung auch einmal länger als gewöhnlich dauern. In manchen Fällen sollten Sie vielleicht nicht gerade ein Perfektionist sein. Aber wenn Sie mal bei Ihrer örtlichen Berufsfachschule oder anderen Lehrinstituten in Ihrer Nähe nachfragen, sollten Sie dort eigentlich gute und vor allem gründlich beaufsichtigte Behandlung bekommen. (Übrigens: Wenn Sie eine kostenlose Zahnbehandlung in einer Universitätszahnklinik bekommen wollen, müssen Sie sich vorher bei Ihrem Zahnarzt abmelden.)

Wenn Sie eine Behandlung bei einem Studenten mit einer einjährigen Ausbildung bekommen wollen, wird er sie erst frühestens ab Januar leisten können, und die Termine zwischen Juli und Jahresende dürften dünn gesät sein. Aber auch wenn das nicht der Fall ist, sollten Sie sichergehen, dass Sie Ihren Haarschnitt während des Semesters oder Trimesters verpasst bekommen.

---

23) Ich persönlich hasse die Tiere. Sie machen mich irgendwie nervös – ich weiß nie, wo bei ihnen hinten und vorne ist.

Recyceln Sie die Klamotten Ihrer Kinder

Wir alle haben als Kinder die Sachen unserer älteren Geschwister auftragen müssen. Ich war das fünfte Kind in unserer Familie, daher waren alle meine Anziehsachen schon ziemlich abgetragen, bis ich sie bekam. Natürlich kann man auf diese Weise eine Menge Geld sparen, denn Kinderkleidung ist teuer. Heutzutage sind Kinder verständlicherweise nicht mehr so bereit, die Sachen ihrer älteren Geschwister aufzutragen – ich war sauer auf meinen älteren Bruder, weil er immer neue Sachen bekam, ich aber nicht –, sodass wir, wenn wir genug Geld haben, auch kleinen Kindern immer wieder neue Sachen kaufen. Aber wenn das Geld dafür nun mal nicht da ist, dann geht es eben nicht. Aber Sie können die gebrauchten Sachen wenigstens ein bisschen abändern – flippige neue Knöpfe annähen oder das ganze Ding färben oder so.

Und wie bekommen Sie die Kleidung Ihres Jüngsten billiger? Sie können Hosen in Shorts umändern, was ihre Lebensdauer verlängert, T-Shirts kürzen oder die Ärmel ganz abschneiden.

Sie können die ganze Geschichte für Ihre jüngeren Kinder fairer gestalten, indem Sie auch Ihren Ältesten in Gebrauchtes kleiden. Fragen Sie Freunde und Angehörige, ob sie Ihnen etwas überlassen oder zumindest günstig abgeben können. Das ist besonders nützlich, wenn es um Schuluniformen, Pfadfinderhemden und Hemden für Wölflinge (Jungpfadfinder) oder Ähnliches geht. Fragen Sie doch die Eltern von älteren Mitschülern oder fragen Sie die Schulleitung, ob sie nicht ein freiwilliges Second-Hand-Weitergabesystem organisieren könnte.

Ich weiß, Kinder tragen nicht gern fremder Leute Sachen auf, besonders nicht, wenn Sie Ihren modebewussten Teenager dazu überreden wollen, die altbackenen, spießigen Pullis seines Vetters anzuziehen. Aber wenn Ihre Kinder begreifen, dass Sie sich zum Ausgleich dafür Geld für einen Urlaub, ein Sky-Abo oder Ähnliches leisten können, was sonst nicht möglich wäre, werden sie bestimmt einsehen, dass sie davon mehr haben.

Heiraten Sie mit festem Budget

Es gibt in diesem Buch mehrere Ideen, wie Sie auf ein besonderes Ereignis sparen können, sei es Ihre Hochzeit, ein runder Geburtstag oder was auch immer. Aber ich nehme an, dass Sie, da Sie ja sehr knapp bei Kasse sind, auch bei so einem Event, wo immer es geht, die Kosten möglichst niedrig halten wollen. Andererseits wollen Sie sich doch an Ihrem besonderen Tag auch nicht lumpen lassen, nicht wahr? Hier sind ein paar Tipps, wie Sie letzten Endes die Rechnung möglichst gering halten können:

- *Bitten Sie Freunde und Angehörige, Ihnen zu helfen* – bestimmt kennen Sie ein paar Menschen gut, die hervorragende Fotos machen können, Ihnen ein schickes Auto ausleihen, toll Kuchen backen, Blumenarrangements machen, die Kirche schmücken oder Kleider ändern können. Sprechen Sie jeden an, der Ihnen einfällt; so sparen Sie Kosten für Profis.

- *Verwenden Sie Websites für alle Schreibwaren*, die Sie brauchen und setzen und drucken Sie die Sachen selbst – nicht nur die Einladungen, sondern auch Bestellungen, Speisekarten, Tischkarten und so weiter.
- *Kaufen Sie ein Brautkleid von der Stange oder ein gebrauchtes.* Schließlich werden Sie es wohl nur einmal in Ihrem Leben tragen, und es ist bei Hochzeitsfeiern oft der teuerste Posten, abgesehen von den Flitterwochen.
- *Suchen Sie sich einen günstigen, aber originellen Veranstaltungsort.* Meine zweite Hochzeitsfeier fand in einer Scheune statt, in der echten Scheune meiner Schwiegereltern, mit Strohballen anstelle von Tischen und Stühlen. Es war ein viel lustigerer Rahmen als ein steriles Hotel – und viel billiger sowieso.
- *Kaufen Sie alkoholische Getränke selbst zollfrei ein* – bei einem günstigen Tagesausflug im Ausland.
- *Suchen Sie im Internet nach einer günstigen Flitterwochen-Reise*, flittern Sie in der näheren Umgebung Ihres Wohnortes oder im Haus, beziehungsweise in der Wohnung von Freunden, die sie Ihnen leihen (oder alles zusammen).

Kinder kriegen mit Budget

Meist kaufen frisch gebackene Eltern überall das Beste, was sie für ihr Baby nur kriegen können. Das ist ja schön und gut, wenn Sie das Geld dazu haben; dann können Sie es natürlich auch mit vollen Händen ausgeben, ganz wie Sie wollen. Aber was ist, wenn Sie nicht so viel haben? Nun ja, die schlechte Nachricht, die ich Ihnen nicht vorenthalten darf, ist, dass Kinder schon vor der Geburt und ganz sicher von Geburt an ein teurer Spaß sind. Die gute Nachricht ist, dass Sie auch beim Thema finanzielle Ausstattung der Kinder durchaus viele und gute Möglichkeiten haben, sparsam zu sein, nämlich:

- *Verwenden Sie eBay, freecycle.org und Gebrauchtwagenbörsen für Autos,* wo immer möglich.
- *Sorgen Sie dafür, dass sich im Familien- und im Freundeskreis herumspricht,* dass Sie alles gern nehmen, was dort an Babysachen nicht mehr gebraucht wird.

- *Kaufen Sie nichts, was Sie nicht wirklich brauchen.* Wenn Sie es nicht kostenlos bekommen, lassen Sie es lieber. Das betrifft so gut wie alles, außer dem Baby-Autositz und Windeln. Sie brauchen kein Spielzeug (davon wird man Ihnen genug schenken)[24], genauso wenig wie schicke Trainingsanzüge für Babys, elektrische Schwungsitze, Wärmflaschen oder spezielle Baby-Tragetaschen – meine Güte, es ist auch nur eine Tasche, da tut's jede andere doch auch.
- *Stillen Sie Ihr Baby lieber, als ihm das Fläschchen zu geben* – Sie sparen dadurch ein halbes Vermögen, weil Sie in diesem Fall weder Flaschen noch Milch noch Sterilisatoren und was weiß ich nicht alles brauchen.
- *Denken Sie darüber nach, ob Sie nicht Stoffwindeln verwenden wollen.* Selbst wenn Sie die Kosten für die Waschmaschine mit einrechnen, fahren Sie damit längerfristig günstiger.
- *Treten Sie allen möglichen Baby-Klubs bei.* Da gibt es Probemuster, Bons und Gutscheine en masse.

Denken Sie daran, dass Ihr Baby nichts Besseres kennt als das, was es bei Ihnen bekommt. Es wird sich also bestimmt nicht über die einfache Ausstattung beklagen, solange Sie ihm all das geben, was es wirklich dringend braucht. Was ich meine? Sie wissen schon, Liebe und „all so was".

---

24) Und Ihrem Baby auch.

Geben Sie nicht auf

Das Wichtigste an einem einfachen, genügsamen Lebensstil ist, dass Sie Ihre Denkweise ändern müssen. Nur ein anderes Denken bringt ein anderes Handeln hervor.

Eine der größten Gefahren, wenn man sich eine andere Einstellung zulegen muss – egal ob es nun darum geht, weniger auszugeben, abzunehmen, sich das Rauchen abzugewöhnen oder was auch immer –, ist, dass man nur zu gern gleich die Flinte ins Korn werfen möchte, wenn es nicht gleich „funktioniert". Es ist einfacher sich zu sagen: „Das kann ich nicht", „Ich werde meine Schulden wohl nie in den Griff kriegen" oder: „Es lief eigentlich schon ganz gut, aber heute, nach dem Einkaufsbummel, habe ich gesehen, ich kann's aufgeben." All das verführt viel zu leicht zu der Einstellung: „Ich glaube, ich lass es lieber sein."

Tatsache ist, Sie *können* es sehr wohl schaffen. Wenn es andere schaffen, dann Sie auch. Dass es anfangs schwer für Sie wird, bedeutet nicht, dass es so weitergeht. Nur weil Sie heute „gesündigt" haben und mehr ausgegeben haben, als Sie eigentlich wollten, bedeutet das nicht, dass Sie es morgen schon wieder machen müssen.

Jedes Mal, wenn Sie einen „Ausrutscher" haben, können Sie etwas daraus lernen. Wenn etwas nicht planmäßig läuft, fragen Sie sich: „Was kann ich daraus fürs nächste Mal lernen?" Vielleicht lernen Sie daraus, in einen bestimmten Laden erst gar nicht mehr zu gehen oder sich nicht weiszumachen, dass Sie mit Kreditkarten gut umgehen können oder dass Sie Ihre Mutter erst dann wieder anrufen, wenn Sie beide skypen können. Betrachten Sie es so, dass der heutige Tag nicht sinnlos war, weil Sie etwas gelernt haben, was Sie bis gestern noch nicht wussten – oder nicht richtig beherzigt hatten. Handeln Sie ab jetzt entsprechend.

Mit der Zeit werden Sie merken, dass es Ihnen immer besser gelingt, weniger auszugeben. Und wenn es dann allmählich finanziell bei Ihnen etwas rosiger aussieht, kommen Sie mit Ihrem Geld viel besser aus und haben immer mehr davon für die Dinge zur Verfügung, die Sie wirklich haben wollen. Egal was heute passiert ist – Sie haben schon Erfolg, wenn Sie einfach lernen, weniger auszugeben und sich dabei trotzdem wohl zu fühlen.

Richard Templar – Wie Sie abnehmen

Sie haben schon alles versucht? Weniger gegessen, bewusster gegessen, vielseitiger, einseitiger – jedoch nicht Ihr Wunschgewicht erreicht? Sich nur gestresst? Hier kommt die Lösung!
  Dieses Buch preist keine Diät an. Es ist vielmehr eine Gebrauchsanleitung für alle Diäten. Die entscheidende Umstellung findet in Ihrem Kopf statt und ist leichter, als Sie denken.

broschiert / ISBN: 978-3-941493-84-1 / 14,90 €

Richard Templar – Wie Sie Ihre Arbeit schaffen

Haben Sie es auch satt? Termine, Stress, Hektik? Immer das Gefühl, etwas vergessen zu haben und nicht fertig zu werden? Sowohl im Job als auch im „echten" Leben? Dann tun Sie doch endlich etwas dagegen. Hier finden Sie 100 Tipps, wie Sie in Zukunft entspannt und unaufgeregt ihr Leben und Ihre Arbeit regeln können.

broschiert / ISBN: 978-3-941493-69-8 / 14,90 €

Die Regeln des Richard Templar

Richard Templar
Die Regeln der Liebe

272 Seiten, broschiert
14,90 [D] / 15,30 [A]
ISBN: 978-3-941493-46-9

Richard Templar
Die Regeln der Kindererziehung

272 Seiten, broschiert
14,90 [D] / 15,30 [A]
ISBN: 978-3-941493-17-9

Richard Templar
Die Regeln des Managements

248 Seiten, broschiert
14,90 [D] / 15,30 [A]
ISBN: 978-3-938350-97-3

Weltweit sind die Bücher des Autors Richard Templar seit Langem Kult. Seine „Rules" rund um Themenkomplexe wie Reichtum, Arbeit, Leben und Management verkauften sich millionenfach. Bis jetzt bei „books4success" erschienen: „Die Regeln des Reichtums", „Die Regeln des Lebens", „Die Regeln der Arbeit", „Die Regeln des Managements", „Die Regeln der Kindererziehung" und „Die Regeln der Liebe".

Richard Templar
Die Regeln der Arbeit

248 Seiten, broschiert
14,90 [D] / 15,30 [A]
ISBN: 978-3-938350-90-4

Richard Templar
Die Regeln des Lebens

248 Seiten, broschiert
14,90 [D] / 15,30 [A]
ISBN: 978-3-938350-68-3

Richard Templar
Die Regeln des Reichtums

272 Seiten, broschiert
14,90 [D] / 15,30 [A]
ISBN: 978-3-938350-62-1